PASCAL **PICQ**

Préface de Jacques Chaize, président de l'APM

# UN PALÉOANTHROPOLOGUE DANS L'ENTREPRISE

S'adapter et innover pour survivre

Sixième tirage 2013



EYROLLES

## DU MÊME AUTEUR

### Aux éditions Odile Jacob

*Il était une fois la paléoanthropologie,* Odile Jacob, 2010.
*Au commencement était l'homme,* Odile Jacob, 2009.
Avec Philippe Brenot, *Le sexe, l'Homme et l'Évolution,* Odile Jacob, 2009.
*Lucy et l'obscurantisme,* Odile Jacob, 2008.
Avec Dominique Lestel, Vinciane Despret et Chris Herzfeld, *Les grands singes,* Odile Jacob, 2005.
Avec François Savigny et Nicolas Hulot, *Les tigres,* Odile Jacob, 2004.
*Au commencement était l'homme,* Odile Jacob, 2003.

### Aux éditions Perrin

*Le monde a-t-il été créé en 7 jours?* Perrin, 2009.
*Nouvelle histoire de l'homme,* Perrin, 2005.

### Aux éditions du Seuil

*Les origines de l'homme expliqué à nos petits-enfants,* Le Seuil, 2010.
*Darwin et l'évolution expliquée à nos petits-enfants,* Le Seuil, 2010.
*Les origines de l'homme,* Le Seuil, 2005.
Avec Boris Cyrulnik, Jean-Pierre Digard et Karine-Lou Matignon, *La plus belle histoire des animaux,* Le Seuil, 2002.

### Aux éditions Fayard

*Aux origines de l'humanité,* volume 1, Fayard, 2001.
*Aux origines de l'homme,* volume 2, Fayard, 2001.

### Aux éditions Autrement

Jacques Attali, Roland Cayrol, Mercedes Erra, Jacques Marseille, Pascal Picq, Frère Samuel Rouvillos et collectif - Ernst and Young, *Éloge de la rupture,* Autrement, 2007.

### Aux éditions du Pommier

Avec Michel Serres et Jean-Didier Vincent, *Qu'est-ce que l'humain?* Le Pommier, 2010.
Avec Jean-Louis Dessalles et Bernard Victorri, *Les origines du langage,* Le Pommier, 2010.
*Danser avec l'évolution,* Le Pommier, Scérén-CNDP, 2007.
Avec Jean-Louis Dessalles et Bernard Victorri, *Les origines du langage,* Le Pommier, La Cité des sciences et de l'industrie, 2006.
Avec Hélène Roche, *Les premiers outils,* Le Pommier, La Cité des sciences et de l'industrie, 2004.
Avec Michel Serres et Jean-Didier Vincent, *Qu'est-ce que l'humain?* Le Pommier, 2003.
*Le singe est-il frère de l'homme,* Le Pommier, 2002.

### Aux éditions Tallandier

*Les origines de l'homme,* Tallandier, 2002.

*En hommage à Pierre Bellon.*

*Mes remerciements les plus chaleureux*
*à Marie-Denise Clarac et à Cyril Delattre,*
*qui eurent l'audace d'inviter un paléoanthropologue*
*dans le monde entrepreneurial.*
*C'est ainsi que se fait l'évolution !*

# Sommaire

# Préface

Ce livre, né de la rencontre improbable d'un paléoanthropologue et d'un entrepreneur, propose un double voyage, riche de surprises et d'enseignements utiles dans l'action.



Le premier voyage est un retour aux sources de l'évolution. Pascal Picq nous en fait découvrir, en détail mais simplement, les mécanismes les plus subtils, depuis Lucy, il y a plus d'un million d'années, en passant par le Siècle des lumières et le salon écossais d'Erasmus Darwin, là où sont nées les premières explications et les incompréhensions à venir des théories de son petit-fils Charles. L'auteur débusque et nous détaille les fausses pistes et les contre-sens qui jalonnent ce voyage et nous empêchent encore de comprendre ces mécanismes et leur impact sur notre vie et notre avenir.



Le deuxième voyage, simultané et analogique, nous conduit au cœur de la société et des entreprises, où sont à l'œuvre les mécanismes de l'évolution. À chaque étape, à chaque chapitre, de nouvelles découvertes.

Ainsi, les dirigeants d'entreprise et leurs équipes pourront-ils relire leurs stratégies familières à la lumière des stratégies *r* et *K* des lemmings et des éléphants et remettre en cause quelques certitudes bien ancrées. Ils découvriront aussi, au travers des exemples d'évolution des espèces, de nouveaux leviers pour mieux réinventer leurs entreprises.

Les responsables publics qui œuvrent à décloisonner notre société française verticale verront, dans l'opposition de Lamarck et de Darwin, l'inefficacité des organisations compétentes face au bricolage fructueux des réseaux qui ouvrent de nouvelles sources d'innovation et de développement.



Pour tous, à la croisée des chemins contradictoires de la mondialisation, du progrès et du développement durable, ce livre donne les clés essentielles : le triangle de l'adaptation pour grille de lecture du changement, la diversité comme pré-requis de l'innovation, sans oublier de noter, avec humour et précision, la saison des amours comme la saison des crises !

Plus sérieusement, ce livre montre l'impérieuse nécessité de confronter nos différences, de prendre le risque de l'échange pour innover. L'Association Progrès du Management (APM), à l'origine des rencontres qui ont nourri cet ouvrage, s'est construite sur la diversité des dirigeants qui y participent et des experts venus de tous les horizons du savoir car l'innovation provient le plus souvent d'idées et de personnes qui n'avaient aucune raison de se rencontrer.

Jacques Chaize
Président de l'APM
2007-2011

# PRÉAMBULE

Comment un paléoanthropologue arrive-t-il dans le monde de l'entreprise et du management ? Il est évident qu'il est loin des terrains fossilifères d'Afrique et d'ailleurs, ou des forêts peuplées de grands singes. Comme dans l'évolution, c'est une question d'opportunité et de contingence. Il y a une quinzaine d'années, quelqu'un m'entend parler d'adaptation à la radio. À l'époque, c'était le maître mot du management. Cette personne m'appelle et me voilà pour la première fois devant une assemblée préparée à tout, sauf à voir débarquer un paléoanthropologue – souvent même sans savoir ce qu'est un paléoanthropologue. Sans tomber dans les clichés – mais les clichés se fossilisent de façon étonnante –, il faut tout de même oser bousculer les habitudes managériales pour faire intervenir un universitaire aussi décalé. « Décalé » est devenu le terme consacré lorsque l'on me propose d'intervenir dans le monde économique et social. Comme dans l'évolution, j'étais loin d'imaginer la suite de ce qui n'était pas encore une aventure.

Je fis une première intervention pour les dix ans de l'APM (Association Progrès de management) à Tours, en 1997. Vint ensuite une conférence devant les animateurs des clubs APM dans la Grande Galerie de l'évolution, au Muséum national d'histoire naturelle de Paris. Je m'étais livré à un petit essai intitulé « Lamarck et le management », sous le regard impassible d'une magnifique girafe, animal paradigmatique de la première théorie cohérente du changement dans la nature, celle du naturaliste français Jean-Baptiste de Lamarck. En me penchant plus sérieusement sur cette question, j'allais découvrir que le hiatus entre le monde entrepreneurial français, et en partie allemand, et celui des pays anglo-saxons, et tout particulièrement les États-Unis, passait aussi par la différence entre Lamarck et Darwin à propos des théories de l'évolution. Plus qu'une analogie, il s'agit de relations au monde et au changement profondément inscrites dans nos cultures. Pour prendre un jargon évolutionniste, plus qu'un parallélisme, ces ressemblances sont des homologies issues d'un même creuset de la pensée européenne entre l'époque du naturaliste français Buffon et celle de Charles Darwin, avec une séparation ou dichotomie fondamentale qui se réalise dans la première moitié du XIXe siècle. Ces schémas commencent à peine à bouger en ce début de XXIe siècle, notamment autour des questions d'innovation.

On l'aura compris, l'APM se trouve au cœur de ce parcours inhabituel pour un spécialiste des australopithèques et des chimpanzés, quelque part entre Lucy et Sheeta. Quelques années après ces commencements guidés par la pédagogie APM, j'eus le plaisir de clôturer les soixante-dix ans du CJD (Centre des jeunes Dirigeants) à Bordeaux, en juin 2007. Je me livrai à une analyse anthropologique et évolutionniste de la culture entrepreneuriale en France, et surtout de ses faiblesses, doux euphémisme, dans notre société comme dans notre système éducatif. Ce discours se fondait sur une décennie d'échanges sur les stratégies d'adaptation dans des dizaines de clubs, mais aussi dans des entreprises de toute taille. Que l'on me pardonne ce manque de modestie, mais je garde encore l'émotion d'une formidable «*standing ovation*» lors de cette journée avec le CJD. C'est alors que je vis un homme descendre l'escalier de la grande salle pour me serrer la main et me demander le texte de la conférence. C'était Pierre Bellon, ancien président du CJD et fondateur de l'APM. Je lui fis alors la promesse de le rédiger, ce que je n'ai pas encore complètement achevé. Depuis, il y a eu plusieurs livres et des dizaines d'articles, notamment dans des revues du monde économique et social. Je n'ai donc aucune excuse pour ne pas avoir terminé cet exercice d'écriture. Je reprends parfois ce manuscrit, mais d'autres obligations ou des coups de cœur m'en éloignent. Mais je crois tout simplement que mes réflexions n'étaient pas encore assez mûres à l'époque. Aujourd'hui, j'y reviens, mais avec un livre, que je dédie à Pierre Bellon et à mes amis de l'APM, sans qui rien de tout cela n'aurait été concevable.

Les chefs d'entreprises, les cadres dirigeants et les managers en général éprouvent parfois de la difficulté à comprendre que l'évolution se fait dans la confrontation entre les facteurs internes de l'entreprise et les facteurs externes ou environnementaux. Le management s'occupe des facteurs internes, mais c'est l'environnement qui sélectionne. Le naturaliste anglais Charles Darwin bâtit sa théorie de la sélection naturelle sans connaître les facteurs internes des organismes responsables des variations soumises à la sélection. Mais il conçut l'une des théories les plus puissantes jamais élaborées par le génie humain sur les mécanismes de l'adaptation et du changement. Le génie de Pierre Bellon et de l'APM est d'avoir compris que les entreprises avaient besoin des meilleurs experts des métiers de l'entreprise – le management et ses diverses composantes –, mais aussi de connaître comment le monde change – les facteurs externes. Et c'est bien pour cela que les entreprises ont besoin des philosophes, des écrivains, des sociologues et des anthropologues. C'est comme cela que se fonde une culture entrepreneuriale, pas la culture de l'entreprise, mais une société qui inclut la démarche entrepreneuriale dans ses valeurs, ses représentations, son enseignement et ses enjeux d'avenir.



L'évolution, ce n'est pas l'histoire du passé ni encore moins une histoire passée. Elle est toujours en train de se faire et les problématiques du développement durable sont donc des questions fondamentalement évolutionnistes. Ses mécanismes existent depuis le commencement de la vie, agissent de nos jours et continueront à intervenir jusqu'à ce que la Terre soit anéantie par une ultime explosion solaire dans quelques milliards d'années. Les entreprises sont comme des espèces et n'échappent pas à ces mécanismes. Comme nous le verrons, dès qu'une entité vivante se compose, premièrement, d'individus différents les uns des autres – la variation ; que, deuxièmement, ses effectifs tendent à changer, le plus souvent en augmentant ; et que, troisièmement, ses activités font l'objet de compétition pour les mêmes ressources, alors les mécanismes de l'évolution s'appliquent. Hélas, on entend trop de discours savants et pompeux sur l'Homme qui, par son génie, se serait affranchi des soi-disant « lois » de l'évolution. Il n'y a pas de lois de l'évolution, mais des mécanismes qui contraignent le jeu des possibles, autrement dit l'adaptation. Cependant, comme il s'agit tout de même d'affaires humaines, l'anthropologue perçoit combien les cultures, les philosophies, les représentations, les idéologies et les archaïsmes s'insinuent dans les pratiques managériales.



L'Homme est le seul grand singe entrepreneurial, mais à condition qu'il sache s'adapter. Et pour cela, il aurait grand intérêt à comprendre les mécanismes de l'évolution. Un lecteur sceptique pourrait penser que ces relations entre les théories de l'évolution et l'entreprise sont un peu forcées. Absolument pas, et pour une raison toute simple : les origines des théories de l'évolution se confondent avec l'émergence de notre modernité au XVIIIe et au XIXe siècle, du temps où les philosophes, les naturalistes et les premiers économistes se retrouvaient dans les mêmes cercles de réflexion. Et c'est là que l'on retrouve des gens liés par leurs pensées, leurs actions et aussi par des relations d'amitiés et filiales : les Darwin, le philosophe écossais Adam Smith et, plus tard, les Huxley et d'autres. Cependant, la pertinence de ce livre ne repose pas sur ce simple constat historique, mais sur des mécanismes du changement qui opèrent aussi bien parmi les espèces, les entreprises et les sociétés. Qu'on le veuille ou non, la Terre est un monde darwinien depuis plusieurs milliards d'années et il en sera encore ainsi pour aussi longtemps. Mais que sait-on de l'entreprise darwinienne ? Avant d'arriver à cette question fondamentale pour les entreprises de demain, il est nécessaire de revisiter ce que sont le changement, l'adaptation et l'évolution. Tel est l'objet de cet essai.

# INTRODUCTION

# IDÉOLOGIES ET ÉVOLUTION

Charles Darwin n'est pas le Diable ! Il serait grand temps que nos « élites » se cultivent. Hélas, même si 2009, « l'année Darwin », a permis de faire de grandes avancées au pays de Jean-Baptiste de Lamarck, on constate que notre culture cartésienne s'obstine à ne pas comprendre dès qu'on s'approche de nos « humanités ». Si la querelle Lamarck *vs.* Darwin est dépassée depuis longtemps en biologie, c'est loin d'être le cas dès qu'on touche à l'homme, donc en anthropologie et en sciences humaines. Une exception se manifeste toutefois dans le champ de l'économie. L'idée, non pas d'appliquer, mais d'emprunter les concepts de la théorie de l'évolution pour le monde économique et social remonte à plus d'un siècle. C'est devenu de nos jours « l'économie évolutionniste », un champ d'étude et de recherche bien représenté en France et en Europe, mais peu connu hors du domaine universitaire. Mon projet « anthroprise » se conçoit comme une mise en œuvre des théories post-darwiniennes de l'évolution dans le champ économique et social, comme je le fais par ailleurs pour « l'anthropologie évolutionniste[1] ».

## Mauvaise biologie et mauvaise économie

Avant d'aller plus loin, il faut impérativement écarter des clichés aussi stupides qu'erronés. L'« entreprise darwinienne » que je défends n'est pas une entreprise fondée sur l'égoïsme, la sélection féroce des individus, l'exploitation sans vergogne des ressources naturelles et l'élimination des concurrents. Il ne s'agit pas de « mon appréciation de Darwin », mais de ce qu'est vraiment cette théorie qui, hier comme aujourd'hui, fait l'objet aussi bien – je devrais dire aussi mal – d'adhésions et de rejets idéologiques qui, d'un côté comme de l'autre, ont livré les pires fléaux du XXe siècle, c'est-à-dire les idéologies ultralibérales ou élitistes comme le nazisme ou celles dérivant du marxisme, avec le communisme et ses variantes. Pour les unes, la croyance en des lois naturelles pour la survie des plus aptes avec l'apologie du « gène égoïste » ; pour les autres la croyance en un homme dégagé de toute nature et réformable. Les fondements de ces idéologies s'édifient justement du temps de Darwin avec, d'un côté, le philosophe et sociologue anglais Herbert Spencer comme chantre du « darwinisme social » et, de l'autre, Karl Marx, qui rejette toute idée de contrainte naturelle de l'homme. Or, Charles Darwin récuse ces dérives, exprimant clairement



1. Lire Picq, P., *Il était une fois la paléoanthropologie*, Odile Jacob, 2010.

sa défiance envers Spencer, tandis que Marx fustige la théorie de Darwin en raison de l'usage détourné qu'en fait Spencer. C'est confus, il faut bien en convenir, mais c'est ce qui arrive quand on tente d'appliquer une théorie scientifique qui traite des phénomènes de la nature aux affaires humaines, surtout quand on n'a pas compris cette théorie dont les concepts évoluent eux aussi en fonction des avancées des connaissances et sans un minimum d'assise épistémologique[1].

Prenons un exemple récent, celui de la crise d'Enron et celle des *subprimes*. L'éthologue néerlandais Frans De Waal a publié un article intitulé « *How bad biology killed the economy* » (« Comment une conception erronée de la biologie a tué l'économie »). Il rappelle la tirade du personnage de cinéma Gordon Gekko, interprété par Michael Douglas dans le film « Wall Street » d'Oliver Stone, de 1987 : « *The point is, ladies and gentlemen, that "greed" – for lack of a better word – is good. Greed is right. Greed works. Greed clarifies, cuts through and captures the essence of evolutionary spirit.* » (« *Ce qui importe, mesdames et messieurs, est que la cupidité – à défaut d'un terme plus approprié – est fondamentale. Elle rend les choses claires, guide l'action et exprime en cela l'essence même de l'évolution.* ») « *Greed* », la cupidité, comme seule valeur de l'individu économique moderne. Voilà un beau concentré d'idéologie ultralibérale qui associe



1. Lire Heams, T., Huneman, P., Lecointre, G., Silbertein, M., *Les Mondes darwiniens*, Syllepse, 2009.

oncle Picsou et le gecko – lézard fort répandu et peu réputé pour son sens de la vie sociale – avec pour justification une conception d'une évolution fondée sur la recherche des seuls intérêts personnels ; autrement dit, la lutte des individus contre tous les autres avec pour assise la théorie du « gène égoïste » de l'éthologiste et biologiste britannique Richard Dawkins renforcée par la sociobiologie[1] du biologiste américain Edgar O. Wilson. Ce film sort au cœur de la révolution conservatrice menée par l'ancien président américain Ronald Reagan et l'ex-Premier ministre britannique Margaret Thatcher, celle-ci scandant : « *There is no such thing as society. There are individual men and women, and there are families.* » (« *La société n'existe pas en tant que telle – il y a des individus, des hommes et des femmes, et des familles.* »). Deux ans plus tard, c'est la chute du mur de Berlin et le triomphe du monde libéral. Le philosophe et économiste américain Francis Fukuyama écrit que l'humanité a atteint la fin de l'Histoire ; l'Histoire donnait raison à l'idéologie ultralibérale. Mais seulement pour un temps très bref car, depuis, il y a eu d'autres changements ; donc évolution.



1. La sociobiologie étudie les fondements biologiques (entendre en l'occurrence génétiques) des comportements, notamment de l'altruisme.

## Les dérives de l'antiévolutionnisme

Tout cela est bourré de fausses conceptions de l'évolution, à la fois conçue comme un processus finalisé – que ce soit pour les idéologies de droite et de gauche qui s'accrochent à une vision idéalisée du progrès *a posteriori* –, comme de ses mécanismes. Mais on n'est pas à un paradoxe près. C'est aussi à cette époque que se réaffirment les mouvements religieux fondamentalistes qui soutiennent, justement, la révolution libéro-conservatrice[1]. La frange la plus conservatrice de l'Amérique du Nord, fondamentalement antiévolutionniste, n'hésite pas à se réclamer de Dieu et, au besoin, de revendiquer qu'ils ne font qu'agir en son nom tout en évoquant une « loi naturelle », celle de l'évolution, mais pensée comme une loi installée par Dieu lui-même. En fait, le « darwinisme social » a toujours été la justification séculière revendiquée par les créationnistes, comme en témoigne l'actualité récente avec la vive opposition des mouvements conservateurs contre la réforme sur la santé poussée par l'administration du président Barack Obama. Donc, pour ces personnes, la société et la solidarité n'existent pas, mais c'est pourtant la société qui en paie les conséquences. Lloyd Blankfein, l'actuel CEO de la banque d'investissement Goldman Sachs, aimait porter des t-shirts portant l'inscription « *Greed* » et, lors de son audition devant la commission d'enquête du Sénat en avril 2010, affirmait accomplir le travail de Dieu (« *Doing God's work* »). Pareillement, Jeffrey Skilling, l'ancien





1. Lire Picq, P., *Lucy et l'obscurantisme*, Odile Jacob, 2007.

CEO d'Enron, adopta un management par le stress avec les principes du « gène égoïste » et de la cupidité, avec les conséquences désastreuses que l'on sait. Pour ces gens-là, il n'y a pas de société ; mais c'est la société qui finit par les condamner ou les expédier en prison. La loi des hommes finit toujours par les rattraper.

J'ai fait cette digression, non pas pour le seul motif de fustiger une certaine Amérique, mais pour rassurer une culture française encore bien ignorante de la pensée darwinienne, car, il est vrai, perçue au travers de ces dérives hallucinantes. Pour des raisons historiques, dont l'explicitation dépasse le cadre de ce livre[1], la théorie darwinienne est arrivée en France par la traduction des livres d'Herbert Spencer et donc le darwinisme social, ce qui a suscité des réactions justifiées du côté de la sociologie naissante et, plus tard, des sciences humaines devenues de plus en plus inquiètes de tout ce qui vient de la biologie. Dans cette vilaine affaire, c'est toute la pensée originale de Darwin, comme son anthropologie, qui échappe à notre culture[2]. Notre tradition humaniste s'en effraie encore, comme tout ce qui provient de notre héritage catholique. Évoquer le projet d'une « entreprise darwinienne » sans plus d'explication, c'est réveiller l'effroi du darwinisme social, la loi du plus fort, le refus de toute solidarité et une justification pseudo-naturelle de



1. Lire *Il était une fois la paléoanthropologie*, *op. cit.*
2. Voir les œuvres d'un spécialiste de Darwin, le Français Patrick Tort.

l'élimination des plus faibles – individus, populations, civilisations ou entreprises. Je pense tout particulièrement à la forte composante des entrepreneurs catholiques et de leurs instances en France[1]. L'évocation de ce qui se passe en Amérique du Nord montre bien l'ampleur des confusions provenant à la fois d'une mauvaise conception de la nature et de la religion. Il est grand temps de revenir à Adam Smith et à Erasmus Darwin, le grand-père de Charles, les protagonistes d'une culture entrepreneuriale et de son éthique ; autrement dit, aux fondements humanistes de l'économie broyés par plus de un siècle de dérives ultralibérales ou collectivistes.





1. Lire *Challenges*, n° 214, 27 janvier 2010.

# PARTIE 1

# L'ÉVOLUTION ET LES ENTREPRISES

Notre enseignement loue, avec raison, le Siècle des lumières, mais en oubliant les Lumières écossaises. Les deux creusets de notre modernité politique et économique viennent pourtant de là, plus politique du côté des Lumières françaises ; plus économique pour les Lumières écossaises.



À cette époque, l'université d'Édimbourg est surnommée l'« Athènes du Nord ». On y rencontre le philosophe David Hume, Adam Smith et son ami Erasmus Darwin, le grand-père de Charles. À plusieurs, ils créent la « Lunar Society » – un club d'esprits libéraux qui se réunit à la pleine lune – qui devient l'un des foyers de la révolution industrielle avec James Watt, Matthew Bolton, Josiah Wedgwood et d'autres. Watt – qui donne son nom à l'unité de puissance en physique – rend efficace la machine de Denis Papin, que l'ingénieur Bolton perfectionne pour en faire la première installée pour la production dans une manufacture, celle des célèbres porcelaines blanches et bleues Wedgwood. Et

Erasmus Darwin dans tout cela ? Il invente le puits artésien, le wagonnet qui ne renverse pas pour les exploitations minières, l'ascenseur à caisson et… une machine parlante. Il a l'idée d'utiliser l'électricité pour réanimer les corps, ce qui inspire la jeune auteure anglaise Mary Shelley pour créer son personnage du Dr Frankenstein. Toutes ses inventions sont brevetées et déposées sous les noms de ses amis. Pourquoi ? Médecin éminent, il ne prend pas le risque de passer pour un praticien dilettante.

Ces hommes appartiennent au mouvement des Lumières. Ils soutiennent l'émergence de la démocratie et les Droits de l'homme, plaident pour l'éducation des jeunes femmes et combattent l'esclavagisme. Les riches familles Wedgwood et Darwin – très liées par les amitiés entre les patriarches Josiah et Erasmus et, plus tard, par des mariages croisés puisque la mère et l'épouse de Charles sont des Wedgwood – apportent leurs réseaux et leurs soutiens financiers à William Wilberforce, député anglais qui fait abolir l'esclavage dans l'empire britannique en 1833. Philosophes, naturalistes et économistes participent d'un grand élan vers la modernité, celui d'un monde qui change, guidé par la volonté des hommes et de leurs entreprises.



Il en est de même en France, puisque les encyclopédistes, les naturalistes et les physiocrates se retrouvent dans les mêmes cercles : Denis Diderot, Georges Buffon, François Quesney, etc. Ils connaissent fort bien leurs coreligionnaires écossais, et tout particulièrement Adam

Smith qui séjourna à Paris. Si la tradition universitaire n'oublie pas l'opposition entre Jean-Jacques Rousseau et Thomas Hobbes sur la nature de l'Homme, s'appuyant sur le différend irréconciliable entre les pensées française et anglaise, il est consternant que celle-ci omette les liens profonds avec les Lumières écossaises. Comme pour les théories de l'évolution avec Charles Darwin, ce sont les Anglais qui vont en tirer le meilleur profit !

CHAPITRE 1

# LA THÉORIE DE L'ÉVOLUTION

## Un terme bien mal choisi

La théorie de l'évolution est une théorie du changement dans la nature qui ne recherche que des explications faisant intervenir des observations et des lois naturelles. Elle explique comment l'arbre du vivant s'est déployé depuis les origines de la vie. Seulement, ce terme très polysémique porte en lui toutes les confusions et se prête à toutes les mauvaises interprétations. Son étymologie vient du latin *evolvere*, qui signifie « dérouler », comme on déroulerait la bobine d'un film. Cette acception émerge au XVIIIe siècle et laisse entendre que la vie se développe selon un schéma préétabli, comme le développement d'un individu depuis l'œuf jusqu'à l'état adulte, ce que l'on appelle l'« ontogenèse ». Cette idée s'applique très vite à l'histoire de la vie, la phylogenèse, en reprenant le mythe profondément ancré dans la pensée occidentale de l'échelle naturelle des espèces : la *scala natura*. Ainsi l'évolution, l'histoire de la vie, suivrait-elle un plan interne, une finalité, qui serait l'émergence de l'Homme. Or, il n'en est pas ainsi et c'est bien pour cela que Charles Darwin refusa d'utiliser ce terme bien encombrant.

Le terme « évolution » est certainement le plus mal choisi pour désigner l'une des théories les plus fondamentales et les plus complexes jamais inventées par le génie humain. Darwin ne consent à l'utiliser que dans la sixième et dernière édition de *L'Origine des espèces* en raison de l'influence d'Herbert Spencer. Hélas, la messe était dite, en quelque sorte. L'idéologie de progrès a plié l'idée d'évolution à celle d'un grand projet dirigé et dirigiste, orientant l'histoire de la vie vers l'avènement de l'Homme. Les sociétés humaines dominantes, celles de l'Occident, forgent un concept de progrès qui donne celui de développement après la Seconde Guerre mondiale. (De là plus d'une ambiguïté autour du concept de *développement durable* qui, selon certaines approches, devient un oxymore.) L'évolution de la vie et de l'Homme se conçoit comme un seul processus de plus en plus dominé par l'Homme qui maîtrise la nature grâce à ses techniques, avec la promesse d'une fin de l'Histoire dans le bonheur pour tous. De Karl Marx, inspirateur des économies collectivistes, à Francis Fukuyama qui annonce la fin de l'Histoire et le triomphe du libéralisme après la chute du bloc communiste, on ne peut que constater la faillite des promesses de ces conceptions *évolutionnistes universalistes*. Car le terme évolution est perçu ici comme un seul schème linéaire qui soumet les hommes, les sociétés et les entreprises à sa finalité.

# Les facteurs de l'évolution

## Les facteurs externes

Il y a toujours évolution, donc changement, en raison de deux types de facteurs. Les premiers proviennent de facteurs indépendants de la vie, parfois de façon catastrophique, comme l'impact des météorites (la fin des dinosaures et le déploiement des mammifères, dont les primates), la position de la Terre autour du Soleil (les cycles de Milankovitch et les glaciations qui rythment l'évolution de la lignée humaine), la tectonique des plaques avec ses conséquences comme la modification des courants océaniques (formations des calottes polaires antarctiques et arctiques avec, respectivement, l'apparition des singes puis le déclin des grands singes), les flux atmosphériques (orogenèse et ouvertures des grandes plaines) et les crises volcaniques corrélées aux cinq grandes extinctions connues sans oublier des événements marquant de l'histoire récente de l'humanité (l'éruption minoenne du volcan de Santorin vers 1650 av. J.-C., l'éruption du volcan islandais Laki en 1783, l'éruption des volcans indonésiens Tambora en 1815 et Krakatoa en 1883, et le 11 mars 2011, le tremblement de terre suivi d'un tsunami au Japon).

La vie, la biodiversité, subissent ces facteurs avec des lignées qui s'éteignent et d'autres qui se déploient. Même si la vie avait un dessein, on ne voit pas comment il pourrait se réaliser à cause de toutes les formes de « hasards » venant de la rencontre de systèmes indépendants, à moins d'admettre des concepts non naturalistes comme le vitalisme, le finalisme, le point Omega et autres attracteurs étranges.

Les trajectoires des météorites n'ont rien à voir avec l'activité solaire pas plus que tout ce qui découle de la tectonique des plaques. Si l'on devait reprendre le film de la vie depuis son commencement et dans les mêmes conditions initiales, nous aurions une autre évolution. Le génie de Lamarck est d'avoir compris le rôle matérialiste des changements d'environnement dans l'histoire des lignées.

À ce propos, les films de science-fiction, de *Star Wars* à *Avatar*, en passant par *Alien* ou *Starship Troopers* se montrent d'une créativité affligeante en « inventant » des personnages bricolés à partir de mammifères, de crustacés, d'araignées et de mantes religieuses. Récemment, un adepte de l'évolution finalisé a même prétendu qu'*Avatar*, le film de James Cameron sorti en 2009, apportait la preuve d'une évolution dirigée ! Misère des thèses finalistes comparées au bestiaire de l'art roman, aux gargouilles des cathédrales, aux tableaux du Néerlandais Jérôme Bosch, aux tentations de saint Antoine, aux expériences du Dr Moreau… Les « chimères » de la nature, souvent effrayantes, déploient des formes qui dépassent nos imaginaires. Le film *Microcosmos*, de Claude Nuridsany et Marie Pérennou (1995), nous fait découvrir une diversité de formes bien plus fascinante que ces tristes *space operas.* Même s'il y a de fortes chances pour que la vie soit apparue dans d'autres régions de l'Univers et, sans aller si loin, dans l'un de ces multiples systèmes avec des planètes gravitant autour d'une étoile et ressemblant à notre système solaire, et que l'on commence à observer dans notre belle voie lactée, il y a très peu de chances pour que son – ses – évolution ait donné des espèces comparables à celles qui ont peuplé la Terre depuis quatre milliards d'années[1].

## Les facteurs internes

Les autres facteurs de l'évolution font partie de la vie elle-même. Les espèces ou plus exactement les populations des différentes espèces composent des communautés écologiques au sein desquelles elles entretiennent des relations de compétition, de symbiose, de parasitisme, de coopération, etc. En fait, ce ne sont pas les espèces ou leurs populations qui évoluent pour elles-mêmes, mais les communautés écologiques. Il convient de parler de coévolution.

Le tissu des interactions dynamiques et complexes entre les populations des différentes espèces qui forment une communauté écologique est présenté comme le phénomène dit de la « Reine Rouge », d'après une scène de *De l'autre côté du miroir* (1871) du romancier britannique





1. Lire Picq, P., *Le monde a-t-il été créé en sept jours ?* Perrin, 2010.

Lewis Carroll. Alice marche, puis court sans avoir l'impression d'avancer, car le paysage la suit. Elle s'étonne et interpelle la dame de cœur, la Reine Rouge, qui lui répond que « *dans ce pays, il faut courir le plus vite possible pour rester à sa place* ».

Les espèces répondent à ces défis au moyen de la sélection naturelle et de la sélection sexuelle (pour les espèces sexuées, évidemment[1]). La sélection naturelle n'est pas la loi du plus fort. Elle explique comment des individus laissent une plus grande descendance que d'autres. Les agents pathogènes, les prédateurs, la compétition pour l'accès aux meilleures ressources comme aux partenaires sexuels, sans oublier des circonstances opportunistes et la chance, décrivent un ensemble de facteurs qui font que certains individus ont un plus grand succès reproducteur que d'autres. Si un nouveau virus attaque une population, tous les individus peuvent disparaître. C'est l'extinction (ce qui au passage n'est l'intérêt ni de l'hôte, ni du parasite).



Dans la plupart des cas, certains individus possèdent les caractères immunologiques qui contrent l'agent pathogène. Ils se reproduisent entre eux et, par conséquent, l'aptitude à résister au virus devient plus répandue dans la descendance : c'est l'adaptation. C'est donc la population qui évolue, pas l'individu. Puis viennent d'autres virus

1. Lire Picq, P., *Le Sexe, l'Homme et l'Évolution*, Odile Jacob, 2009.

et ainsi de suite : c'est la course de la Reine Rouge. Pour répondre à cette course sans fin, les populations doivent avoir assez de diversité biologique interindividuelle : c'est la variabilité. Celle-ci provient des mutations et surtout des recombinaisons génétiques : c'est la sexualité. Ainsi la sexualité est-elle la fille de la Reine Rouge.

L'évolution et la sélection naturelle ne campent pas « la sorcière aux griffes et aux crocs rouges de sang » fustigée par le poète britannique Alfred Tennyson, mais la course incessante de la vie poussée par la Reine Rouge. Au sein des communautés écologiques, existe un jeu complexe d'interactions fait de prédation, de parasitisme délétère ou commensal, de symbiose, de compétition, d'entraide, etc.



## Un troisième facteur récent

Aujourd'hui, un troisième facteur intervient. Il est apparu récemment et agit violemment sur la géographie, le climat et la biodiversité : l'homme. Contrairement à ce que croient encore trop de philosophes, de médecins, d'économistes et de penseurs des sciences humaines, l'évolution continue et risque de nous être fatale, non pas que l'évolution soit une entité en soi qui se vengerait – laissons ces propos aussi naïfs que stupides à ces philosophes qui disent que la nature est mauvaise quand un volcan ou une tempête fait des victimes ; ce n'est pas la nature qui pousse les hommes à vivre sur la faille de San Andreas (Californie), au pied des volcans ou en dessous du niveau des mers –, mais simplement que nos activités ont pris une telle ampleur sur une planète aux ressources limitées que nous sommes devenus le facteur le plus puissant des changements en cours, donc de l'évolution. Il ne s'agit pas non plus de condamner ou d'être fataliste, car, justement, c'est en connaissant mieux ce qu'est l'évolution que nous pouvons inventer de nouvelles formes de progrès pour l'humanité, ce qui passe par l'innovation dans les entreprises[1]. Il nous faut à présent expliquer comment se fait l'évolution.

## Lecture pour les entreprises



L'idée d'un monde stable aux ressources illimitées est, à tout le moins, une illusion. Les premiers économistes concevaient une sorte d'équilibre entre l'offre et la demande de la même façon que les effectifs des populations de proies étaient régulés par celles des prédateurs et réciproquement. C'est l'équilibre des marchés de la théorie économique néoclassique. Pour un évolutionniste, c'est incompréhensible, car comment un marché pourrait-il rester en équilibre si des entreprises doivent prendre des parts de marché plus importantes et si les indices économiques doivent progresser ? L'économiste autrichien Joseph Schumpeter avait bien vu ce paradoxe qui oblige le capitalisme à chercher d'autres marchés au risque de connaître des crises, résolues temporairement par de nouvelles avancées technologiques. En fait, l'économie passe par différentes phases,

1. Lire Picq, P., *Le Développement durable, gisement de compétitivité pour les entreprises*, Cahiers Médicis, 2007.

celles d'équilibres relativement stables, celles de crises et d'autres de développement graduel. On appelle cela la théorie des équilibres ponctués, sachant que de toutes les manières, il y a évolution. Les ponctuations proviennent d'événements naturels dits catastrophiques, d'autres en raison des actions humaines – guerres, révolutions, crises financières. Il existe aussi des sociétés qui ont connu de longues phases de relative stabilité et d'autres, comme les pays industrialisés, qui ont joui d'un développement régulier depuis un siècle et demi – les désormais mythiques Trente Glorieuses –, mais confrontées aujourd'hui à la mondialisation et à la compétition pour les matières premières, les ressources énergétiques et les ressources non renouvelables, comme celles qui ne peuvent plus se renouveler. On appelle cela une « crise », mais cela fait partie de l'évolution. Il n'est donc pas inutile de comprendre comment se fait l'évolution.

### À retenir

**Il y a toujours évolution, donc changement, à cause de deux types de facteurs, ceux extérieurs à la vie ou abiotiques qui interagissent, parfois violemment, avec la vie, et d'autres propres à la vie au sein des communautés écologiques (lire plus loin). Un troisième facteur se manifeste depuis l'invention des théories de l'évolution et la Révolution industrielle : l'homme. La tragédie de Fukushima au Japon et la sécheresse qui frappe l'Europe occidentale au printemps de 2011, nous rappellent ces réalités lourdes de conséquences sur l'évolution de nos sociétés et de la planète.**

CHAPITRE 2

# LES MÉCANISMES DE L'ÉVOLUTION

Quand on parle d'évolution, on pense aux dinosaures, aux hommes de Neandertal, à Lucy et aux australopithèques, etc. Il s'agit là de sa partie historique, de l'histoire de la vie au sens le plus strict, autrement dit « comment s'est faite l'évolution ». Ce qui est moins connu et pourtant fondamental pour comprendre l'évolution, ce sont ses mécanismes ou « comment se fait l'évolution ». Ces mécanismes sont universels dès que l'on a affaire à des entités composées d'individus différents les uns des autres, dont les effectifs varient et sont confrontés à des ressources limitées. Si ces trois conditions sont réunies, les facteurs de sélection interviennent. Cela s'applique aux espèces, à la nôtre, aux sociétés humaines et aux entreprises.



## La sélection naturelle

La sélection naturelle est un mécanisme – et non une loi – qui explique le succès reproductif différentiel entre des individus d'une même espèce. Il repose sur trois observations que jamais personne n'a contestées : premièrement, chez les espèces sexuées, les individus sont différents les uns des autres ; deuxièmement, les caractères qui les distinguent sont en partie héréditaires ; troisièmement, si les individus se reproduisaient sans limites, il y aurait surpopulation.

Cette dernière observation est fondamentale, puisque, au cours de son long voyage de cinq ans, entre 1831 et 1836, Charles Darwin n'a jamais vu la population d'une espèce envahir un écosystème en supplantant les populations des autres espèces. *(Les invasions de criquets ravagent les plantations, mais cela finit par se retourner contre eux, car la reproduction effrénée se compare à un cancer qui tue l'organisme.)* Même constat chez tous les naturalistes-voyageurs à l'instar du naturaliste britannique Alfred Russel Wallace, le co-inventeur de la sélection naturelle avec Darwin. Il y a donc un facteur de régulation. Darwin et Wallace lisent indépendamment, et la même année 1838, le traité de l'économiste britannique Thomas Malthus sur l'économie et les populations, et en tirent le principe d'une dynamique sélective résultant du déséquilibre entre les ressources disponibles et les effectifs des populations. (*La théorie économique et politique de Malthus est appliquée en Angleterre du temps de Darwin et se retrouve dans le « darwinisme social ». Sa doctrine est qu'il ne faut pas aider les classes défavorisées et que c'est, dixit Spencer, une loi naturelle. Les penseurs socialistes – Pierre-Joseph Proudhon, Charles Fourier, Karl Marx et d'autres – critiquent vivement cette économie politique. Le siècle qui suit leur donne en partie raison, mais Malthus revient par où on ne l'attendait plus avec la crise des matières premières, l'effondrement des ressources halieutiques et les émeutes de la faim, avant que n'arrivent les réfugiés climatiques, n'en déplaise aux idéologies techno-productivistes de droite et de gauche. Autre surprise malthusienne, les trente-cinq heures et le partage du travail, comme si l'économie n'était plus capable d'inventer de nouveaux secteurs d'activités et de nouveaux emplois ; les grandes figures tutélaires du socialisme doivent se retourner dans leur tombe. Il faut revenir à nos classiques – Darwin, Smith, Malthus, Marx, etc. – pour enfin les dépasser.*)

La sélection naturelle fonctionne en deux temps : premier temps, la production de variations – c'est la *variabilité* – et, second temps, la sélection. C'est l'*algorithme darwinien*. Le moteur de l'évolution repose sur cette articulation. La variabilité se retrouve à tous les niveaux, depuis les gènes jusqu'aux systèmes écologiques, ce qui recouvre le concept de *biodiversité*; en fait, la variabilité donne la biodiversité. Au risque de surprendre, c'est une idée assez récente[1]. Tout ce que nous sommes, depuis nos gènes jusqu'à nos comportements, en passant par l'anatomie, la physiologie, nos modes de locomotion, et nos régimes alimentaires résultent d'un jeu des possibles donné par nos gènes en interaction constante avec nos environnements moléculaires (à tous les niveaux de nos organismes), sociaux et physiques.





1. Lire *Il était une fois la paléoanthropologie, op. cit.*; *Les mondes darwiniens, op. cit.*

Nous nous construisons et reconstruisons constamment; en fait toutes nos cellules somatiques se renouvellent plusieurs fois au cours de notre vie; nous sommes des matrices vivantes, tout comme les entreprises.

Cependant, il n'y a ni hasard ni nécessité. À chaque étape de l'évolution apparaissent des innovations dont les variations aléatoires sont contraintes par l'histoire des espèces; c'est ce que signifie « le jeu des possibles » du chercheur en biologie français François Jacob. La variabilité produit des variations limitées par les contraintes de construction des organismes issues elles-mêmes de processus de sélection antérieurs. Une fois que l'on est chez les organismes avec un plan de symétrie sagittal, comme chez l'homme et tous les animaux, on ne sort plus de ce plan; une fois que l'on est chez les mammifères, on reste un mammifère; une fois que l'on est chez les singes, on joue de variations simiesques et l'homme en est une parmi d'autres. Rappelons enfin que tout cela aurait très bien pu ne jamais se passer, car il n'y a aucune nécessité au sens d'une quelconque finalité ou loi interne. *Ce n'est pas parce que c'est arrivé que cela devait arriver.* Entre le hasard et la nécessité, il y a une histoire faite d'innovations qui se sont accumulées; les différentes parties de nos organismes associent des innovations apparues à différentes époques de l'histoire de la vie depuis plus de trois milliards d'années[1].



1. Lire « L'Homme et l'arbre de la vie », in *Le monde a-t-il été créé en sept jours?, op. cit.*

Il en va de même pour ce que nous sommes en tant qu'individu. Notre phénotype résulte des interactions constantes entre nos gènes – le génotype – et nos environnements. Le génotype contraint le jeu des possibles, mais nos phénotypes changent constamment. Donc ni hasard au sens le plus aléatoire de ce terme, ni nécessité au sens d'une finalité. Il en va de même pour les individus comme pour les espèces. Cependant l'analogie entre ontogenèse – l'histoire de vie des individus – et phylogenèse – l'histoire des espèces – s'arrête là. Rien de plus étranger à nos vies et à la vie que toute idée de finalité ou de téléologie. On parle de téléonomie pour l'ontogenèse depuis le biologiste français Jacques Monod ; pour l'histoire de la vie, c'est tout simplement l'évolution.

Il convient de faire ici une précision à propos du titre du livre de Jacques Monod : *Le Hasard et la Nécessité* (Seuil, 1971). L'auteur empreinte ce titre à une expression du philosophe matérialiste grec Démocrite. En fait, il n'y a pas de pur hasard dans l'évolution, pas plus que de nécessité au sens téléologique. L'histoire des espèces procède d'une succession d'innovations apparues de façon contingente (processus d'innovation incrémentale). Les innovations possibles proposées par le couple variation/sélection sont contraintes par celles qui ont précédé. Ces dernières constituent les contraintes historiques ou phylogénétiques des espèces, dont le développement ou ontogenèse offre le meilleur exemple. C'est la théorie moderne dite évo-dévo pour évolution et développement.

Enfin, le couple variation/sélection constitue une machine auto-catalytique puisque la sélection favorise ce qui donne de la variation qui, à son tour, s'offre à la sélection. La sexualité en est le plus bel exemple.

## La sélection sexuelle

La sélection sexuelle, mise en évidence par Darwin dans son livre consacré à la filiation de l'homme de 1871, n'est pas un processus éliminatoire comme la sélection naturelle. Elle s'intéresse à la *compétition intrasexuelle* entre les membres du même sexe – comment les femelles agissent pour empêcher les autres femelles de se reproduire ; de même entre les mâles – et au choix des partenaires de l'autre sexe ou la *sélection intersexuelle* – comment les femelles préfèrent tels mâles et réciproquement[1].



Longtemps négligée, la sélection sexuelle concerne directement l'évolution de systèmes sociaux – *sociobiologie* – qui, par ailleurs, est contrainte par l'écologie et la distribution des ressources – *socioécologie*. Les femelles, surtout chez les mammifères et tout particulièrement les singes, s'arrangent pour contrôler les ressources de nourriture ; elles représentent le « sexe écologique ». Quant aux mâles, ils doivent aussi avoir accès à la nourriture mais aussi aux femelles. De toutes ces nécessités ressort une diversité étonnante de systèmes sociaux avec toutes les combinaisons possibles.

1. Lire *Le Sexe, l'Homme et l'Évolution*, *op. cit.*

L'éthologie – qui est l'étude des comportements chez les espèces dans leurs habitats naturels, « *ethos* » étant la racine étymologique pour les mœurs et l'éthique – connaît un fort développement depuis un demi-siècle, et tout particulièrement pour l'étude des singes et des grands singes. C'est un champ d'étude passionnant qui, hélas, reste peu développé en France[1]. Depuis plusieurs années, je m'efforce de développer une véritable anthropologie darwinienne – en fait, inscrire l'anthropologie dans le domaine des théories modernes de l'évolution, et dans le monde économique et social. J'ai plus de succès auprès des entreprises et des organisations que dans l'université qui, hors de la biologie, campe sur ses archaïsmes antidarwiniens (sans avoir lu ni encore moins compris Darwin et ses successeurs). Ce sujet passionnant, et en plein développement, interfère avec les problématiques des ressources humaines et l'organisation des entreprises[2].



Pour notre propos, il y a plus de deux milliards d'années, le couple variation/sélection a inventé toutes les

1. Lire Picq, P., Coppens, Y. (dir.), *Le Propre de l'Homme*, Fayard, 2001.
2. Ce sujet fera l'objet d'un autre ouvrage chez le même éditeur. En attendant, on peut consulter Picq, P., « *Crise, entreprise et évolution* » in *Repenser l'entreprise au sortir de la crise,* Cahiers de Friedland 6, 2010 ; « *L'évolution, l'entreprise et le singe* » *in Repenser l'entreprise,* Le Cherche Midi/APM 2008 ; « *L'homme est un singe savant comme les autres* », in *Aux sources de l'innovation*, Pluriel/APM, 3 janvier 2010. Voir aussi « *Évolution* » in *Regards sur le sport,* Le Pommier/INESP, 2010.

formes imaginables de sexualités[1]. C'est une conséquence de la Reine Rouge. La sexualité a un coût, puisqu'il faut que les gamètes ou les cellules sexuelles se rencontrent d'une façon ou d'une autre. On a découvert depuis à peine deux décennies l'importance des agents pathogènes comme les virus et les bactéries sur les processus de l'évolution. En effet, ces micro-organismes se dupliquent très vite tant qu'ils sont dans un milieu propice et homogène. D'autre part, même si le taux de mutation des gènes reste très faible, le très grand nombre d'individus produits par toutes les formes de « clonage » suffit pour produire une grande variation. Face à des micro-organismes aussi proliférants, des espèces plus complexes, avec des taux de reproduction faible, n'ont aucune chance. En fait, on s'aperçoit qu'il existe beaucoup d'espèces qui se reproduisent sans sexualité quand l'environnement leur est favorable, mais passent à la reproduction sexuée quand la compétition devient plus intense. En simplifiant, la reproduction non sexuée est privilégiée dans un milieu ouvert ; la reproduction sexuée, qui génère des individus différents, devient un avantage dans la course de la Reine Rouge.



Des organismes aussi complexes que nous, avec un taux de reproduction très faible et des individus à longue espérance de vie, ne pourraient pas survivre sans la sexualité qui fait que des individus différents engendrent des individus différents, opposant ainsi de l'hétérogénéité à des micro-organismes qui se dupliquent rapidement,

1. Lire *Le Sexe, l'Homme et l'Évolution*, *op. cit.*

mais avec un faible taux de mutation. D'un côté des organismes complexes et sexués qui jouent sur la variabilité, et de l'autre des micro-organismes simples se multipliant rapidement, mais avec une faible variabilité. La course de la Reine Rouge se perpétue par la confrontation de ces diverses stratégies.

## Lecture pour l'entreprise

Le recours à des analogies entre les mondes des entreprises et la biologie sont fréquents et sources de trop d'approximations, d'inexactitudes et, parfois, de contradictions. Cela montre au moins l'intérêt de rapprocher ces deux domaines d'action et de pensée.

Actuellement, les concepts d'*entreprise* et d'*espèce* ne se définissent pas facilement. Ce ne sont pas des essences, des entités parfaitement délimitées et stables, et c'est bien pour cela qu'elles évoluent. Pour les espèces, on préfère parler d'un ensemble de populations dont les individus peuvent se reproduire entre eux à un moment donné. C'est une collection d'organismes unis par une fonction, celle de reproduction. Pour les entreprises, le concept d'organisme semble plus idoine en tant qu'entité ou matrice vivante dont les cellules se renouvellent plusieurs fois au cours de la vie de l'individu, de même que les employés, les cadres, les patrons et les actionnaires changent, alors que l'entreprise perdure, autrement dit, évolue au sens ontogénétique.



Les notions de sélection naturelle et de sélection sexuelle ne s'appliquent pas facilement. Souvent, on comprend la sélection naturelle comme une lutte entre des espèces et, par extension, entre des entreprises. Or, une entreprise n'a pas de succès reproducteur, mais des parts de marché.

La fusion de deux entreprises pour en donner une autre s'appelle une symbiose. Il arrive aussi qu'une entreprise se scinde, ce qui se rapproche d'une mitose. Mais ce ne sont là que des métaphores grossières avec une grande disparité de situations. Dans une symbiose, chaque entité initiale garde ses spécificités, ce qui se produit rarement quand deux entreprises fusionnent ; mais cela arrive comme dans les groupes Renault/Nissan, PSA ou Air France/KLM. Conserver des entités elles-mêmes en concurrence au sein du groupe stimule une course à l'innovation qui rend le groupe plus compétitif par rapport à ses concurrents. Pour une mitose, les entités qui en résultent sont identiques et cela ne dure pas longtemps si elles sont en concurrence (évolution divergente).

Il y a tout de même un message important à retenir : la variabilité. Comment une entreprise arrive-t-elle à susciter et à maintenir de la variation dans ses personnels et ses routines ? C'est en effet sur ses sources de variabilité, ses facteurs internes, que reposent ses capacités à innover (lire la seconde partie) et à s'adapter aux facteurs externes.



## À retenir

**La sélection naturelle se fonde sur le couple variation/sélection, les variations apparaissant sans augurer de leur caractère avantageux ou désavantageux, puisque c'est la sélection naturelle, avec la diversité de ses mécanismes, qui trie. Il faut préciser que la sélection naturelle n'est pas une loi comme l'est, par exemple, la gravitation universelle. Si l'environnement est favorable, il n'y a pas de sélection, s'il y a compétition pour les ressources, alors elle se manifeste en jouant sur les variations. L'adaptation résulte de ce mécanisme.**

CHAPITRE 3

# UNE QUESTION DIFFICILE : L'ADAPTATION

Tout le monde a entendu parler de la « survie du plus apte ». L'idée des espèces parfaitement adaptées à leur milieu est une vieille lune portée par la métaphysique et tout particulièrement par le mythe de la Création. Elle se retrouve en sciences naturelles ainsi que dans les théories de l'évolution, comme le « programme adaptationniste » de la théorie synthétique de l'évolution ou néodarwinisme des années 1940 à 1970. Toutes les différences entre les espèces, qu'elles soient génétiques, anatomiques, comportementales, cognitives ou sociales étaient interprétées comme des adaptations corrélées à leurs différences d'environnement[1]. Mais par quels mécanismes ? On invoquait la sélection naturelle, considérant que les variations génétiques produisaient suffisamment de diversité pour proposer les caractères nécessaires à l'adaptation. L'exemple le plus connu est l'acquisi-





1. Lire *Lucy et l'Obscurantisme, op. cit.*

tion de la marche debout ou bipédie chez nos ancêtres lors du passage de la forêt à la savane *(nous reviendrons sur cette histoire à propos de Lamarck, de Darwin et de l'innovation)*.

## Le triangle de l'adaptation

De vives controverses agitent le petit monde des évolutionnistes au cours des années 1970. Le concept d'adaptation est vivement critiqué, car, en fait, c'était un faux concept qui se satisfaisait d'interprétations *a posteriori* ou *ad hoc*. De là naît la pire critique que puisse craindre tout évolutionniste qui s'égare dans des explications naïves : c'est *panglossien* ! Cet adjectif s'inspire du personnage de Pangloss dans *Candide ou l'Optimisme* (1759). Voltaire en fait une caricature du philosophe allemand Friedrich Leibniz, qui prétend que « *tout est pour le mieux dans le meilleur des mondes possibles* ». Dans un passage fameux, Pangloss affirme que si nous avons un nez, c'est pour porter des lunettes et, la preuve, nous portons des lunettes. Voilà qui prête à sourire, mais nanti de cet avertissement, il devient amusant de revisiter toutes les affirmations pseudo-savantes sur l'évolution de l'homme, sur l'interprétation des grandes périodes de l'Histoire comme du succès et des échecs de certaines entreprises.



### Il n'existe pas d'adaptation parfaite

Si une espèce est parfaitement en équilibre avec son environnement, elle disparaîtra avec celui-ci en raison des différents facteurs évoqués précédemment. Comme toujours dans la vie, il y a des exceptions, comme ces espèces dites « fossiles », car isolées dans des environnements très particuliers qui n'intéressent pas les autres espèces ; ce sont d'ultimes refuges. D'une façon plus générale, il existe une loi empirique de l'évolution : l'isolationnisme est l'avant-dernière étape avant l'extinction (lire p. 106). Quelle entreprise aurait l'ambition d'être un cœlacanthe ?

Cependant, il existe souvent plusieurs façons de répondre à un même problème. Réguler la température du corps peut se faire en changeant le pelage ou le plumage (adaptation anatomique) ; en modifiant la taille et les proportions du corps (adaptation morphologique), en faisant varier le flux sanguin (adaptation physiologique) ; en produisant certaines substances moléculaires (adaptation chimique) ; en recherchant des endroits et des abris plus propices (adaptation comportementale) ; en se roulant pour se couvrir de boue ou de poussière (adaptation technique) ; en recourant à des inventions technologiques (habits, habitations, feu, etc.). Inversement, l'environnement impose des contraintes physiques qui conduisent à des adaptations analogues, comme pour le vol : ailes des insectes faites de membranes nervurées ; ailes des oiseaux avec des plumes implantées sur les os du bras ; ailes des ptérosaures de l'ère secondaire avec une membrane de peau tendue entre le corps et un doigt hypertrophié de la main ; ailes des chauves-souris avec des membranes tendues entre tous les doigts de la main, très longs, ce qui leur vaut le nom de chiroptères ; membranes de peau entre les membres antérieurs et postérieurs des écureuils et des lémurs volants, etc. Les hommes n'ont fait que s'inspirer de toutes ces adaptations pour « inventer » tous leurs merveilleux objets volants.

## Jouer avec les contraintes

Les quelques exemples qui précédent donnent la fausse idée d'une infinie inventivité de la nature, d'une plasticité intrinsèque qui finit par trouver des solutions. C'est le principe du *transformisme lamarckien* auquel s'associe l'expression « la fonction crée l'organe ». Il n'en est rien et l'adaptation est le concept le plus complexe des théories de l'évolution, comme dans tous les secteurs des activités humaines.



Parmi les vertébrés, si les vols battus et planés n'existent que chez les mammifères, les reptiles et les oiseaux, c'est que tous possèdent un organisme symétrique avec deux paires de membres antérieurs et postérieurs ; le reste n'est que du bricolage. L'adaptation est un compromis entre les contraintes du milieu, l'histoire des lignées et leurs structures. La capacité d'adaptation ou l'acquisition de nouveaux caractères qui procurent un avantage dans un contexte environnemental se situent dans ce triangle avec trois sommets : l'adaptabilité ou fonctionnalité, l'histoire et les structures. Il en est évidemment de même pour les entreprises. Ce sont là les trois sommets du *triangle de l'adaptation*.

Reprenons l'adaptation au vol. Tous les vertébrés terrestres adaptés au vol le font par transformation du membre antérieur, qui est bâti sur le même plan avec un humérus (le bras), puis deux os avec le cubitus et l'ulna (ex-radius, l'avant-bras) et un nombre très variable d'os dans le poignet (carpe) et la main (métacarpe). Cela signifie que ce plan, qui a été sélectionné chez nos lointains ancêtres vertébrés aquatiques d'il y a plus de trois cent cinquante millions d'années, est apparu dans des circonstances qui n'ont rien à voir avec les adaptations au vol qui concernent un autre fluide, l'air. Donc, c'est du bricolage à partir d'un même plan ancestral (on appelle cela des homologies). Mais alors, pourquoi ces différents types d'ailes ? On retrouve les mêmes éléments du plan historique, conservés dans les différentes lignées, mais avec des parties plus ou moins développées selon les lignées. Celle des ptérosaures, celle des oiseaux, celle des chauves-souris se présentent comme des solutions originales qui, à leur tour, deviennent des contraintes historiques pour chacune des lignées.



Les ailes des milliers d'espèces d'oiseaux d'hier et d'aujourd'hui ne sont que des variations sur un même plan, lui-même issu d'un plan ancestral commun à tous les vertébrés terrestres à quatre membres ou *tétrapodes*. Cela ne signifie en rien que ce plan est le meilleur possible. Les oiseaux représentent une branche des dinosaures qui a réussi – les archosaures –, et on connaît plusieurs lignées de l'ère secondaire avec des plans assez proches, dont des formes avec quatre ailes et avec des plumes. D'un point de vue panglossien, on dirait que le vol avec deux ailes est le plus adapté, mais sans aucune argumentation idoine. Si les oiseaux à quatre ailes avaient, par exemple, été avantagés pour l'accès à la nourriture et aux abris, c'est leur plan à quatre ailes qui aurait été retenu, mais pas en étant sélectionné directement. Ce qui n'aurait pas empêché la sélection naturelle d'agir sur les variations, donnant une diversité d'adaptation aux différents types de vols battus avec quatre ailes, comme chez nos oiseaux avec leurs deux ailes.

## Le triangle des adaptations

Les espèces, les sociétés et les entreprises ont des capacités à évoluer contraintes par leurs histoires. Comme je l'entends souvent, elles ont leur « ADN ». C'est une très bonne analogie, mais qu'il faut pousser plus loin, car le génome – qui rassemble tout l'ADN – évolue lui aussi. Comment faire la part des deux, c'est-à-dire de l'histoire et de l'adaptabilité ? On aborde ici l'une des questions les plus difficiles sur ce que les évolutionnistes appellent les *causes ultimes* et les *causes proximales*. Les causes ultimes sont liées aux facteurs historiques responsables des caractéristiques et des propriétés des espèces – plus précisément des différentes lignées – et qui se retrouvent dans le génome. Quant aux causes proximales, ce sont toutes les interactions avec l'environnement et les réponses que donnent les organismes. En d'autres termes, les causes ultimes sont les causes évolutives qui résultent de facteurs de sélections antérieurs et les causes proximales sont celles auxquelles les organismes doivent répondre avec l'intervention des facteurs de sélection. Il en va de même, par exemple, au cours de l'ontogenèse, qui décrit le développement et la croissance d'un individu. Celui-ci a un génome et, dès sa conception, une pluralité de facteurs environnementaux intervient, l'obligeant à s'adapter constamment.

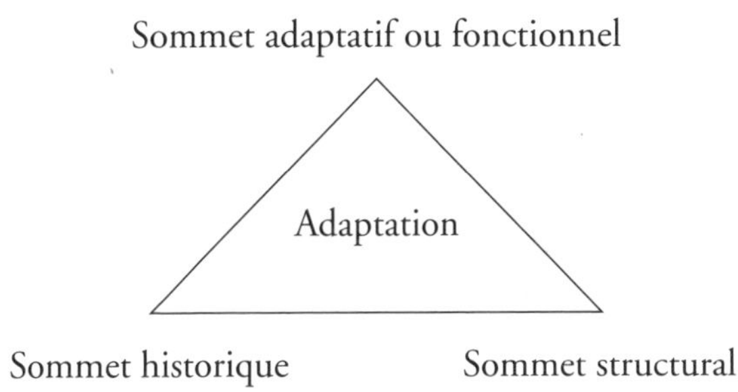




Dans les paragraphes précédents, nous avons discuté de l'adaptation entre les contraintes historiques et l'adaptabilité. On se promène sur le côté du triangle de l'adaptation entre ces deux sommets. On n'a pas évoqué l'importance du troisième sommet, qui mérite une discussion plus soutenue, notamment en rapport avec l'innovation.

## Lecture pour l'entreprise

Les grandes entreprises, et tout particulièrement celles anciennement issues du service public, possèdent des structures et des histoires profondes qui les préparent mal à la concurrence. Celles qui s'adaptent le mieux bénéficient d'une ouverture à la concurrence depuis plusieurs années, ce qui leur donne un avantage sur d'autres marchés. Pour les autres, la décennie entamée en 2010 s'annonce très difficile et leurs capacités d'adaptation viendront de leurs aptitudes à faire évoluer leurs structures sans heurter leur histoire.

Plus largement, ce concept de triangle des adaptations explique pourquoi l'introduction de nouveaux outils ou de nouvelles règles managériales peut échouer dans une entreprise alors qu'ils se sont avérés efficaces dans une autre. Si les modifications proposées se révèlent incompatibles avec les structures existantes et vont à l'encontre de l'histoire de l'entreprise, c'est l'échec assuré, avec son cortège de traumatismes. Les consultants apportent des expertises externes essentielles aux entreprises, mais qui risquent d'être anéanties s'ils ne prennent pas en compte ces facteurs internes et historiques. Heureusement, et comme nous l'avons vu, il existe souvent plusieurs façons d'acquérir la même adaptation, comme pour le vol. Cependant, on ne fera jamais voler un vampire comme un albatros.



L'histoire des technologies et des usages est riche de contraintes phylogénétiques ou historiques (*lire p. 78 le passage sur Thomas Edison et Emil Berliner*). Les premières voitures de chemin de fer furent assemblées à partir de diligences accolées les unes aux autres. C'est pour cela que pendant des décennies chaque compartiment avait sa porte donnant sur la voie. Plus amusante est la raison pour laquelle on embarque et débarque à gauche d'un avion. Tout simplement parce que les premiers « merveilleux fous volants », en particulier les pilotes de la Première Guerre mondiale, étaient des cavaliers. Or, les cavaliers montent à gauche du cheval pour ne pas heurter leur flanc avec le sabre porté du côté gauche, comme pour tout droitier qui se respecte (je pourrais remonter aux origines de la dextérité pour un voyage de quelques millions d'années...). En fait, nous vivons sur des adaptations du passé et la vraie difficulté est de construire les adaptations de demain !

## Contraintes et innovations

L'idée de contrainte ne nous met pas à l'aise, tout particulièrement dans la culture occidentale avec son ontologie dualiste qui oppose nature/culture, animal/homme et inné/acquis[1]. Les principales oppositions à Darwin viennent de là, non pas du champ scientifique, mais des courants dominants de la philosophie et de la théologie. (*On rencontre aussi des scientifiques, venant tout particulièrement des mathématiques, des sciences de l'ingénieur et des domaines de la physique fortement marqués par le formalisme mathématique et les modèles déterministes*[2].) Leurs positions de principe se fondent sur la notion de « liberté ». Toute idée de contraintes génétiques et comportementales est alors rejetée au nom des « ce que je crois » (philosophie), du libre arbitre (religion), de la volonté d'améliorer l'homme (marxisme), etc. Toutes leurs objections se fondent sur leur ignorance abyssale de la biologie et de l'évolution comme, pour notre propos, la confusion entre déterminisme et contrainte.



Plus personne ne conteste l'apparition de nouveaux caractères par mutation génétique ni surtout par

1. Lire *Le monde a-t-il été créé en sept jours ?* et *Il était une fois la paléoanthropologie*, *op. cit.*
2. Lire *Lucy et l'Obscurantisme*, *op. cit.*

recombinaisons génétiques, notamment grâce à la sexualité. Cela devient plus difficile pour expliquer l'apparition de nouvelles structures ou de nouvelles fonctions, comme le langage, la marche debout ou le vol. D'où le recours à des scénarios panglossiens, à des réductionnismes génétiques affligeants ou à des concepts « surnaturels » non vérifiables.

Le terme « adaptation » est trop large, trop imprécis et trop polysémique pour signifier quoi que ce soit, notamment pour comprendre les processus de l'évolution et pour dégager les mécanismes des innovations. On range toutes les formes d'« adaptation » sous le terme générique d'*aptation*. Pour dégager leurs mécanismes d'apparition, il faut se placer dans une perspective historique, celle des espèces et des individus, autrement dit de l'*ontogenèse* et de la *phylogenèse*.



## Les différents types d'aptations

| ***Fonction*** / ***Structure*** | ***Fonction primitive*** | ***Fonction dérivée*** |
|---|---|---|
| ***Structure primitive*** | Préadaptation | Exaptation |
| ***Structure dérivée*** | Transaptation | Adaptation |

### Préadaptation

Voilà un terme mal adapté, car il distille l'idée fallacieuse qu'un caractère est apparu dans le but de devenir une adaptation. Rappelons que le principe fondamental de l'*algorithme darwinien* est que les caractères apparaissent sans augurer de leur avantage possible. C'est un vieux débat qui oppose, d'un côté, tout l'héritage pesant de la philosophie idéaliste platonicienne et aristotélicienne que l'on retrouve ensuite dans la théologie naturelle, l'idée de providence ou encore le dessein intelligent et, d'un autre côté, celle des philosophies matérialistes, tout particulièrement celle de Lucrèce. L'œil n'est pas apparu pour voir, mais on voit parce qu'une structure sensible aux photons a émergé, ce qui a donné un avantage aux organismes désormais aptes à la vision – on a là une vraie **adaptation** –, et qui a évolué selon des modalités très diverses dans toutes les lignées animales (diverses **transaptations**).

## Lecture pour l'entreprise



Un nombre considérable de brevets attendent d'être captés par les entreprises, car inventés dans des circonstances antérieures non favorables à leurs exploitations. Il ne s'agit pas de préadaptation en soi, mais elles le deviennent *a posteriori* si elles trouvent leur développement.

L'idée dominante d'une évolution des techniques, pour prendre cet exemple, qui serait linéaire et accumulatrice, occulte ce champ d'innovation trop négligé : l'histoire. Il arrive fréquemment qu'une technique ou un savoir-faire s'efface devant une innovation. On dit alors que c'est mieux, que c'est moderne. Mais le temps passant, ce qui a été abandonné peut retrouver de l'intérêt, en étant revisité par les nouvelles techniques ou pratiques. Le célèbre plat cuisiné de l'Aubrac, l'aligot, avait presque disparu. Aujourd'hui, sa recette a été adaptée aux modes de productions modernes et se retrouve dans tous les grands circuits de distribution. De même pour le fameux couteau de Laguiole. C'est aussi l'étonnante aventure du disque vinyle, que l'on abordera plus loin. Les départements de R&D ont largement intérêt à embaucher des historiens des techniques. Une sorte d'archéologie à la recherche des brevets oubliés.

## Exaptation

C'est un changement de fonction à partir d'une structure qui était liée à une autre fonction ou adaptation. L'exemple le plus célèbre est celui de la plume, apparue dans diverses lignées de dinosaures terrestres et associée à la thermorégulation et/ou aux parades sexuelles et qui, dans la lignée des oiseaux, sert aussi aux parades sexuelles (adaptation ancestrale) et au vol (nouvelle fonction). De même, le plan squelettique de nos membres évoqué plus haut n'est pas apparu pour que des vertébrés aillent se balader hors de l'eau, mais en relation avec la nage. La marche chez les tétrapodes terrestres s'appuie sur une nouvelle utilisation de structures primitives ; puis, à leur tour, ces structures se sont diversifiées et perfectionnées au gré des lignées et de leurs adaptations : on parle de *transaptation*.

Les canines sont des dents dédiées à la capture de proies. C'est une adaptation très ancienne dans différentes lignées de vertébrés terrestres, tout particulièrement chez les carnivores, des mammifères qui doivent leur nom non pas à la canine, mais aux dents adaptées à trancher les chairs : les carnassières. Cependant, on observe des canines très développées chez des espèces herbivores (chevrotins), omnivores (sangliers) et piscivores (morses), qui n'en font jamais usage pour attraper des proies. Ce sont des caractères sexuels secondaires qui servent dans la compétition sexuelle entre les mâles. Il en est ainsi des canines des singes, parfois très développées, comme chez les babouins. Un exemple parfait d'exaptation, avec une même structure d'abord associée à une adaptation ancestrale liée à la sélection naturelle – saisir des proies – et une nouvelle adaptation due à la sélection sexuelle – écarter des congénères et en attirer d'autres.

## Coaptation ou exaptation par cooption

Dans l'exemple précédent, on évoquait le cas d'une structure adaptative qui change de fonction. Cependant, les organismes possèdent des contraintes de structure à tous les niveaux, que ce soit le génome, la physiologie, la locomotion, les comportements, les capacités cognitives, etc. De nouveaux caractères peuvent apparaître de manière passive à partir de ces contraintes. Les évolutionnistes appellent cela la « biologie des écoinçons », d'après l'expression anglaise « *spandrel biology* ».



En architecture, l'écoinçon représente le coin qui remplit l'espace entre deux voûtes et la corniche au-dessus. Il n'a pas été conçu en tant que tel, mais comme une expansion des structures fondamentales de l'édifice, ce qui répond parfaitement à la racine étymologique latine de « *spandrel* », qui dérive d'« *expandere* ». Cet élément d'architecture provient des contraintes de construction de l'édifice. C'est une simple expansion de ce qui a été conçu et sélectionné par l'architecte. Dans une conception naïve de l'évolution ou panglossienne, on dirait que l'écoinçon a été pensé dès le départ pour livrer un espace pour l'artiste. Dans les théories modernes de l'évolution, qui eurent bien des difficultés à intégrer ces notions de contrainte de construction des organismes, c'est une source d'innovation considérable, comme pour les aptitudes aux bipédies, les aires du langage, mais qui produit des structures parfois impressionnantes qui n'ont aucune fonction et parfois de mauvaises adaptations ou mésaptations.



De même, l'aptitude à marcher debout n'est pas apparue parce qu'il fallait marcher debout. C'est un mode de locomotion qui fait partie du répertoire locomoteur des grands singes hominoïdes habitués à se suspendre sous les branches et à grimper verticalement le long d'un tronc d'arbre. Se tenir verticalement et mobiliser les membres de façon alternée correspond à une adaptation locomotrice de singes de grande taille qui ne peuvent plus se déplacer aisément à quatre pattes sur une branche horizontale. Alors, par simple commodité et grâce à la plasticité de leur répertoire locomoteur, il arrive qu'ils se déplacent ainsi pour transporter des objets, de la nourriture, un enfant, etc. À ce petit jeu, ce sont les hominoïdes les plus arboricoles, comme les bonobos, qui se montrent les plus doués, et non pas les plus terrestres, comme les gorilles. Donc, les aptitudes aux bipédies descendent tout droit des arbres par exaptation cooptée. De même pour les aires du langage de notre cerveau gauche, qui se développèrent par expansion passive quand les premiers hommes, les *Homo ergaster*, eurent un plus gros cerveau simplement parce qu'ils devinrent de plus grande taille corporelle[1].

Le cas le plus célèbre d'une structure ayant fait l'objet de toutes les interprétations fonctionnelles est la grosse barre osseuse juste au-dessus des orbites, si spectaculaire chez les gorilles, mais aussi chez nos ancêtres *Homo erectus* ou Toumaï. Mes recherches expérimentales en biomécanique craniofaciale ont tranché l'une des polémiques les plus tenaces depuis l'époque de Darwin : cette barre osseuse joue le rôle d'un « écoinçon » entre la boîte crânienne et la partie supérieure de la face[2]. Il ne fait aucun doute qu'un regard surmonté par une telle barre impressionne et que cela intervienne dans les rites d'intimidation, proposant une exaptation comportementale cooptée ; mais cela n'a pas été sélectionné pour cela. De même pour les grands sinus des os maxillaires et du front des hommes de Neandertal, censés exister pour réchauffer l'air froid inhalé (merci, Pangloss).



## Lecture pour l'entreprise

L'histoire du Post-it de 3M est un bel exemple d'un produit manqué qui a trouvé son usage ; mais trouver un usage n'a rien d'évident.



1. Lire *Il était une fois la paléoanthropologie, op. cit.*
2. *Ibid.*

## Bricolage de l'évolution

Le terme «bricolage» tient ses lettres de noblesse de François Jacob pour la génétique et de l'anthropologue et ethnologue français Claude Lévi-Strauss pour les mythes. Que ce soit pour le génome ou les mythes, ce sont respectivement des recombinaisons de gènes ou de mythèmes pour les récits des origines qui donnent de nouvelles structures ou fonctions. (Il n'y a pas de terme équivalent dans la littérature anglo-saxonne.) C'est donc une source d'innovation par *exaptation* qui implique plusieurs structures antérieures dans une nouvelle fonction.

Le sourire et le rire ont des fonctions sociales proches, mais dont les origines sont très différentes. Le sourire est lié aux expressions faciales, très développées chez les singes, avec des origines très anciennes puisqu'on le retrouve dans toutes les lignées. Le rire n'est connu que chez les orangs-outangs, les chimpanzés et les hommes, ce qui indique une origine très récente. Alors que le sourire ne se fonde que sur les expressions de la face, le rire mobilise tout le corps, et parfois de façon violente. Nous faisons usage des deux dans des combinaisons très diverses et parfois pour une même situation, avec de grandes variations chez un même individu et entre individus. Toutes nos mimiques et nos expressions faciales viennent de là.



### Lecture pour l'entreprise

L'exemple le plus célèbre d'adaptation par bricolage est l'invention du mini-ordinateur et la légende de l'Apple II. L'exemple le plus récent se retrouve encore chez Apple avec l'iPhone, qui rassemble dans un concept des innovations des différents domaines des industries de l'électronique et de l'informatique. C'est l'innovation par concept et non pas par produit.

## Transaptation

Elle correspond à une optimisation des structures en relation avec des adaptations de plus en plus performantes. On est dans le cas de la Reine Rouge dans un environnement relativement stable ou à variations régulières. Cela peut conduire à une perte de diversité, à la spécialisation et, si l'environnement change, à l'extinction.

La bipédie de l'homme provient d'une coaptation locomotrice qui, donnant un avantage dans des environnements de savanes arborées, devient très efficace. Notons cependant que cette évolution passe par la réduction de la plasticité du répertoire locomoteur ancestral, tout en permettant d'autres formes d'innovations locomotrices. L'homme est moins à l'aise dans les arbres que les chimpanzés – bien que nous conservions de belles aptitudes aux agrès en gymnastique et en escalade, sans oublier les arts du cirque –, mais a inventé une diversité étonnante de mouvements en danse et en sport[1].





1. Lire « Évolution », in *Regard sur le sport, op. cit.*

## Primitif et dérivé

Dans le langage courant, primitif signifie dépassé, archaïque. Dans l'évolution, cela veut dire qu'une structure ou une fonction est apparue plus anciennement qu'une autre, ce qui n'augure rien de son caractère « dépassé ». Elle peut se maintenir pour des raisons historiques – les contraintes de construction – ou grâce à l'apparition d'autres fonctions par exaptation.

La main et le pied à cinq doigts conservent un plan très primitif apparu chez les premiers tétrapodes terrestres, mais qui a acquis de nouvelles fonctions dans différentes lignées, comme la main capable de préhension et de toucher délicat ou celle des chiroptères pour le vol. Ainsi, de nouvelles fonctions conservent une structure primitive apparue dans des contextes historiques et plus ou moins adaptatifs différents.



### Lecture pour l'entreprise

La voiture, apparue par bricolage avec une charrette – véhicule ancien à traction animale –, et un moteur à vapeur – innovation technique –, est plus primitive que l'avion, lui-même issu des innovations venues du monde de l'automobile. Mais l'évolution par transaptation n'a pas cessé dans l'automobile ni l'avionique, avec des emprunts dans les deux sens, comme les ailerons sur les voitures de sport et tout ce qui touche à l'aérodynamisme.

## Mésaptation

Elle désigne un caractère ou une fonction qui n'est plus en adéquation avec l'environnement. Les mammouths ont des origines africaines, puis se sont adaptés aux régimes glaciaires de l'Eurasie en acquérant de plus grandes tailles corporelles et des toisons épaisses. Mais est arrivée la période interglaciaire dans laquelle nous sommes encore. Les mammouths ont migré vers le nord de la Sibérie, ultime refuge avant de disparaître. Même histoire avec le fabuleux cerf géant d'Irlande ou *Megaceros*. Son évolution a favorisé des mâles de plus en plus grands avec des bois d'une ampleur et d'un poids considérables. « *Big is beautiful* » pour séduire les femelles et surtout écarter les autres mâles. Mais l'expansion des forêts après la dernière glaciation a transformé ses immenses ramures en handicap pour l'espèce (lire p. 74 le passage intitulé « Théorie du handicap »).



L'allongement de la vie dans les pays développés depuis un demi-siècle dépasse toutes les prévisions, grâce à la médecine et à l'éducation au sens large. Il n'y a pas eu de « sélection darwinienne » des personnes les plus âgées, puisque les femmes ne contribuent pas et les hommes peu à la reproduction après l'âge de cinquante ans. Cela signifie qu'en changeant notre environnement, nous exprimons des aptitudes à vivre très longtemps qui n'ont jamais été sélectionnées en tant que telle (coaptation). Mais cette évolution phénotypique – qui n'implique pas la fréquence relative des gènes, mais leurs systèmes de régulations impliqués dans les âges de la vie – favorise la manifestation de mésaptations graves que sont les maladies neuro-dégénératives. L'espérance de vie plus courte des générations précédentes faisait que les individus se reproduisaient bien avant que ne se manifestent ces pathologies neurologiques[1]. Cela a donné des mésaptions sociales, comme l'essoufflement du système de retraite par répartition.

### Lecture pour l'entreprise

L'exemple le plus récent vient de l'automobile avec General Motors (GM), dont le succès reposait sur une stratégie par transaptation de voitures de plus en plus grosses. Ce fut aussi le cas des industries minières et métallurgiques qui refusaient de changer, non pas d'activité, mais de mode de fonctionnement. Aujourd'hui, ce sont les banques. Le refus de s'adapter aux changements d'environnement pour des raisons sociales douloureuses, et d'autres raisons politiques moins honorables, finit toujours par aboutir à des situations plus dramatiques. On s'obstine dans les transaptations, qui deviennent des désaptations au lieu de favoriser l'émergence d'autres aptations.



## Désaptation

L'optimisation d'une fonction – transaptation – ou sa détérioration conduit à des changements de structure. L'évolution de la course chez les chevaux propose un exemple canonique dans tous les sens du terme. Pendant des dizaines de millions d'années, le nombre de leurs

1. Lire *Il était une fois la paléoanthropologie*, *op. cit.*

doigts a régressé. Il n'en reste plus que celui qui correspond à notre majeur. Actuellement, l'os canon – la carpe du doigt médian – possède deux tiges osseuses appelées stylets et qui n'ont aucune fonction. Ce sont des caractères dits « vestigiaux », les preuves s'il en est d'une évolution. Cet exemple illustre l'amélioration d'une fonction qui donne des caractères qui n'ont plus d'adaptation, alors qu'ils y participaient auparavant.

Par ailleurs, des caractères peuvent persister après l'abandon d'une fonction. C'est le cas des canines chez les chevaux, appelées crochets, que l'on observe chez les mâles et, plus rarement, chez les juments dites bréhaignes. Il s'agit d'un vestige des mœurs ancestrales très lointaines de leurs ancêtres de l'ère tertiaire.



Cet exemple permet d'évoquer à nouveau les billevesées panglossiennes. Les chevaux possèdent un espace entre les incisives et les prémolaires appelé « barre ». C'est là que les cavaliers placent le mord pour commander leur monture. Cette barre est un exemple paradigmatique d'un caractère apparu passivement, par contrainte de construction, et sans avantage en termes de sélection naturelle ou sexuelle. Le seul problème pour les chevaux, c'est que des hommes ont eu l'idée de les domestiquer.

De même, on peut faire des anesthésies péridurales chez l'homme, et surtout chez les femmes, parce que la croissance de la moelle épinière cesse bien avant celle de la colonne vertébrale, ce qui laisse un espace vide, la *cauda equina* ou queue-de-cheval, dont les médecins font bon usage. Un bel exemple d'écoinçon.

Ces contraintes de construction donnent parfois des bizarreries, comme le nerf récurrent. Il innerve le cou, et tout particulièrement le larynx. Du côté droit, il se déploie au niveau du cou ; mais du côté gauche, il descend dans le thorax et remonte dans le cou après avoir fait une boucle autour de la crosse aortique. Pourquoi cela ? Parce que nos ancêtres poissons n'avaient pas de cou. Mais au cours de l'évolution, cette partie du corps entre le thorax et la tête s'est allongée. Seulement, l'ordre d'apparition de ces structures reste contraint par le développement, l'aorte embarquant le nerf vers le thorax, contraignant celui-ci à s'« adapter » pour maintenir ses connexions et ses fonctions.



### Lecture pour l'entreprise

Pour les entreprises, c'est conserver une activité, un service ou des routines adaptées à une situation antérieure, qui se révèle inadaptée aux nouvelles circonstances. La logique « lamarckienne » des acquis ou du « on a toujours fait comme cela » constitue un vrai handicap pour l'adaptation.

## Théorie du handicap

Envisager les aptations dans une perspective historique et structurelle décrit un jeu complexe de contraintes et d'innovations dont se dégage une règle empirique : les organismes, notamment les plus complexes, ne sont adaptés que par une partie de leurs caractères, d'autres dénués d'avantages – désaptations – et d'autres apparemment inutiles, mais qui peuvent se révéler avantageux dans de nouvelles circonstances. Il existe donc les contraintes historiques et structurelles, mais aussi le fait qu'une même structure peut être impliquée dans différentes fonctions. Des facteurs de sélection peuvent procurer des avantages dans certaines circonstances et des handicaps dans d'autres.

La cause ultime de la vie, c'est la diffusion des gènes. Les moyens d'y parvenir sont d'une diversité aussi étonnante que la vie[1]. Pour les individus des espèces sexuées, cela commence par la viabilité – tous les facteurs de la sélection naturelle – et l'aptitude à se reproduire – les facteurs de sélection sexuelle. La théorie du handicap décrit les interactions complexes entre les facteurs de survie de l'individu et le développement, parfois exubérant, des caractères sexuels secondaires impliqués dans le succès reproducteur. *(On appelle dimorphisme sexuel la différence de taille et de forme entre les femelles et les mâles d'une même espèce et qui résulte des facteurs de sélection sexuelle[2].)* Si la taille corporelle et celle des canines peuvent aussi limiter les risques de prédation, tout comme chez les cervidés avec leurs ramures, les naturalistes s'interrogent sur le handicap que peut représenter le plumage aussi extravagant que magnifique d'un oiseau de paradis ou d'un paon.



1. Lire *Le Sexe, l'Homme et l'Évolution*, *op. cit.*
2. *Ibid.*

En s'exhibant ainsi, n'encourt-il pas le risque d'être repéré par les prédateurs ? C'est ce qui arrive parfois, comme pour ces infortunées grenouilles tropicales qui croassent en espérant attirer un partenaire, mais qui attirent des chauves-souris prédatrices. Alors comment expliquer que ces individus tapageurs ne soient pas tous éliminés ? On peut admettre que leur succès reproducteur compense le risque. Mais à y regarder de plus près, il ressort que de tels individus survivent longtemps, car il faut du temps pour développer les caractères anatomiques et comportementaux nécessaires. La théorie du handicap met en évidence que ces caractères anatomiques et comportementaux sont de faux handicaps. Au contraire, ce sont des messages qui séduisent les femelles – ce sont elles qui, par sélection intersexuelle, choisissent ce type d'individus – tandis que les prédateurs, pas si stupides que cela, comprennent que c'est le genre de proie pas facile à attraper.



En cas de conflit entre les facteurs de sélection sexuelle et de sélection naturelle, c'est cette dernière qui l'emporte. On comprend que des individus puissent développer des caractères et des comportements démonstratifs tant que cela ne nuit pas à leur survie. C'est ce qui est arrivé au cours de notre évolution. Chez tous les singes, il existe une forte corrélation entre le dimorphisme sexuel, entre la taille du corps et des canines. Notre lignée ne respecte pas cela depuis deux millions d'années. Des facteurs de sélection ont privilégié des faces courtes et puissantes en relation avec des régimes alimentaires requérant une mastication énergique, ce qui n'est pas compatible avec des canines saillantes. Par conséquent, et quelle que soit l'évolution du dimorphisme sexuel – devenant plus prononcé chez les australopithèques robustes (*Paranthropus*) ou plus atténué dans le genre humain (*Homo*) –, les canines sont devenues des « troisièmes incisives[1] ». Rassurons-nous, nous avons acquis d'autres caractères morphologiques pour nous livrer aux délices de la sélection sexuelle[2].

## Lecture pour l'entreprise

Pour les entreprises, l'enjeu est de déterminer s'il faut choisir une stratégie de l'efficacité ou de la séduction. Tous ceux qui élèvent des adolescents connaissent le problème entre leur faire acheter des vêtements et des chaussures de qualité et d'autres dits de marque. C'est en jouant sur ces facteurs de séduction éphémère que l'on arrive à entretenir la consommation, grâce à la mode. Cela intéresse aussi des choix stratégiques aux implications considérables. En n'escomptant que sur l'apparence et, au fil du temps, en délaissant la qualité, on finit par perdre. C'est ce que les femelles ont « compris » chez les espèces où elles sélectionnent les mâles les plus flamboyants : leurs plumages, leurs ramages et leurs chants sont l'expression de leur qualité génétique. Trop de grandes entreprises françaises, bientôt soumises à la concurrence, notamment dans les transports, se fient trop à une certaine image de la culture française, négligeant des services tout simples, comme pouvoir accrocher sa veste, trouver facilement la poubelle, ne pas avoir des haut-parleurs qui grésillent, pouvoir brancher un ordinateur et utiliser le wi-fi. « *La forme, c'est le fond qui remonte à la surface* », dixit Victor Hugo, et non l'inverse.



1. Lire *Il était une fois la paléoanthropologie*, *op. cit.*
2. Lire *Le Sexe, l'Homme et l'Évolution*, *op. cit.*

## Thomas Edison et Emil Berliner

Le journaliste Nicolas Nosengo raconte l'histoire du phonographe et du gramophone dans son livre *L'Extinction des technosaures* (Belin 2010). C'est un très bel exemple des mécanismes de l'adaptation. Pour expliquer cette aventure technologique, l'auteur ne manque pas de se référer aux théories de l'évolution.

L'inventeur et industriel américain Thomas Edison, l'homme aux milliers de brevets qui ont changé notre vie, cherche à « photographier » le son. Le grand photographe français Nadar s'étonne que l'on puisse capter des images, mais pas le son, et on sait combien le chemin sera long avant d'arriver au « cinéma parlant ». (*Au passage, louons le génie et l'audace du film* The Artist, *de Michel Hazanavicius, en hommage au cinéma muet et qui a valu le prix d'interprétation masculine à Jean Dujardin au Festival de Cannes 2011. Ceci devrait nous rappeler combien le « multimédia » est récent et issu d'une longue série de bricolages et de symbioses.*) Mais il manquait une condition nécessaire, une théorie scientifique du son et de ses propriétés physiques, ce qui se concrétise à la fin du XIXe siècle. Il n'est pas inutile de rappeler qu'il n'y a pas d'innovation sans recherche fondamentale et qu'Edison a créé le premier laboratoire structuré de R&D dans l'industrie, dont celui de Menlo Park (devenu Edison Township en 1954), dans le New Jersey. À ne pas confondre avec l'un des trois grands sites de l'université de Stanford à l'origine de la Silicon Valley ; tout cela pour dire que là aussi, en Californie et ailleurs

– comme à Grenoble –, cela commence avec des chercheurs. Le Menlo Park d'Edison se targue d'être « *The birthplace of the new world* » (« le lieu de naissance du monde moderne »), tandis que celui de Californie nous entraîne dans les mondes de demain. Revenons plus de un siècle en arrière, à la fin de la vie de Darwin.

Les inventions d'Edison ont une phylogénie et s'inscrivent dans l'histoire du télégraphe. Le génial inventeur pose le concept du phonographe vers 1877 et, après quelques hésitations, opte pour l'enregistrement avec une aiguille sur un support disposé sur un cylindre vertical. L'autre option technique est le disque plat avec un sillon en spirale, avec un enregistrement horizontal, dont l'inventeur français Charles Cros dépose l'idée avec le *paléophone* (un tel engin fossile pouvait difficilement ne pas attirer mon attention). Une fois engagés sur cette voie, Edison et ses équipes n'en sortent plus. Émergence d'une lignée technique destinée à devenir ce qui sera bien plus tard le « répondeur ». Le marché pressenti vise d'abord le travail de bureau, dont l'enregistrement de lettres destinées à être tapées, ainsi que la possibilité de laisser des messages gravés et susceptibles d'être restitués. Cela commence par le morse et le télégraphe, puis la voix et le téléphone. (*Quand je raconte à mes enfants que j'étais instructeur en morse à l'armée au début des années 1970, ils me regardent plus comme un homme préhistorique que comme un paléoanthropologue.*) Dans un article, Edison énumère et hiérarchise les usages possibles de son phonographe où l'on trouve en premier la dictée de lettres, puis des livres pour les aveugles, l'enseignement de la diction, l'écoute d'œuvres musicales, la préservation des langues, etc. Tout cela est d'une très grande modernité et on note que la musique n'arrive qu'en quatrième position.

Edison ne perçoit pas l'engouement naissant pour la diffusion des œuvres musicales. Pourtant, c'est l'époque du succès du premier instrument de loisir de masse, sa majesté le piano, qui entre dans tous les foyers (sauf chez les plus modestes). Après avoir acquis certains brevets du phonographe, des entreprises inventent l'ancêtre du juke-box, les morceaux de musique enregistrés ayant beaucoup de succès dans les bars. Malgré cela, Edison s'obstine à ne pas percevoir qu'il passe à côté d'un marché émergent. Évidemment, c'est toujours facile d'évoquer cela quand on connaît la suite de l'histoire. Le génial inventeur reste l'acteur d'une époque qu'il a façonnée et n'ignore pas le marché. Seulement on a là un exemple paradigmatique de contrainte historique qui s'inscrit dans l'histoire des télécommunications et de leurs usages. En plus, alors que la dactylographie ne cesse de prendre de l'importance, les sténographes bloquent la diffusion des phonographes.



Emil Berliner, ingénieur d'origine allemande, travaille dans l'entreprise du Britannique Graham Bell – l'inventeur officiel du téléphone, que l'on doit en fait à l'Italien Antonio Meucci. Les célèbres laboratoires exploitent et perfectionnent les brevets du phonographe cédés par Edison, et Berliner, bien que travaillant sur les microphones, connaît fort bien cet appareil. Grand mélomane, il quitte la Bell Company et développe l'idée du paléophone de Charles Cros, ce qui deviendra le disque microsillon et son représentant actuel le « vinyle », qui résiste encore et toujours. Le brevet du gramophone est déposé en 1887, dix ans après celui du phonographe !

L'idée initiale de Berliner est la diffusion d'œuvres musicales, ce qui pose la question de la reproduction, ce que permet le disque gravé, tandis que le phonographe ou le dictaphone est prévu pour un usage unique ; et si l'on en veut plusieurs exemplaires, il faut autant d'appareils pour enregistrer. Dans la course de la Reine Rouge qui s'engage entre le disque et le cylindre, les laboratoires d'Edison finissent par inventer des membranes de cylindres reproductibles, une *transaptation* qui devient un *mésaptation*, tandis que le disque devient une adaptation appelée à un immense succès, mais qui n'avait rien d'évident.



Berliner vend le brevet du gramophone à une entreprise allemande, qui l'exploite à peine. Il retourne alors aux États-Unis et fonde la United States Gramophone Company en 1893. Rien n'est gagné pour autant, puisque la compagnie Columbia Phonograph, future CBS, opte d'abord pour les cylindres. Mais en 1901, elle choisit le disque ; les dés sont jetés ! Après la Première Guerre mondiale, le gramophone se distingue comme l'appareil technologique le plus vendu, avant le téléphone et la voiture ! Le « vinyle » atteint son apogée dans les années

1960-1970, avec notamment la Deustche Grammophon pour la musique classique, la soul music avec la légendaire Motown, les labels de jazz comme Blue Note et, bien sûr, le rock'n roll et la pop – Elvis Presley, les Beatles, etc. –, et leurs bouleversements sociétaux. Les révolutions de la jeunesse dans le monde occidental sortent des sillons des vinyles (*sans oublier les radios pirates qui les diffusent; voir l'excellent et si nostalgique film de Richard Curtis* Good Morning England *[« The boat that rocked »] de 2009*). On tenait le vinyle pour mort avec l'arrivée du CD ou disque compact dans les années 1980. Mais il résiste par là où on ne l'attendait pas avec les DJ et les rappeurs, tandis que le CD souffre de la manie des téléchargements. Un procédé numérique en chasse un autre, mais n'arrive pas à éliminer un fossile bien vivant et, semble-t-il, phylogénétiquement lié à une jeunesse qui veut que cela bouge.



Nicolas Nosengo conclut le chapitre consacré à ce que nous venons de voir par cet intertitre : « Morale : de l'importance de la taxonomie ». La taxonomie est la science des classifications et dans cette aventure technologique, le phonographe et le gramophone partent de bricolages à partir d'un même principe technique : celui de la gravure sur un support. Mais dès le départ, le phonographe s'inscrit dans les contraintes phylogénétiques du télégraphe et du téléphone, tandis que le gramophone tient du piano mécanique. À cela s'ajoutent des aspects anthropologiques et culturels non évoqués par le journaliste. Edison appartient à la noble lignée des pionniers américains dont le « puritanisme » les porte vers le travail et non les loisirs. Berliner est un Européen issu d'une famille de marchands, passionné par les techniques et la musique. Il n'a rien d'un dilettante, mais sa culture l'amène à concevoir un usage différent de ses inventions. Dans cette histoire, on perçoit combien une technique – fondamentalement graver le son dans un sillon – connaît des devenirs façonnés par ses usages et ses fonctionnements. D'un point de vue culturel, on remarque que Berliner doit retourner aux États-Unis pour développer son innovation dans un contexte stimulant, la vieille Europe pétrie de ses humanités chancelantes ne comprenant toujours pas les chemins du progrès en train de s'ouvrir, malgré l'intervention décisive de l'Amérique du Nord dans le premier conflit mondial ; avant la douloureuse démonstration de la Seconde Guerre mondiale…



D'un point de vue évolutionniste, on retrouve le couple variation/sélection, avec l'apparition d'une innovation – graver le son – captée diversement selon les environnements. Plusieurs lignées se profilent, certaines mort-nées et que l'on a complètement oubliées, car éliminées d'emblée. Quelques-unes survivent et connaissent des évolutions divergentes, avec en l'occurrence le phonographe et le gramophone. Même si le gramophone finit par l'emporter, cela n'avait rien d'évident au tournant du XX^e^ siècle et on note l'importance sélective de l'environnement, en l'occurrence des contenus et des usages. Certaines idées ne trouvent pas leur développement, comme celle du dictaphone, qui deviendra le répondeur, mais bien plus tard avec l'arrivée des bandes magnétiques. Enfin, le plus surprenant reste la survie du vinyle, qui n'a rien d'un fossile vivant !

## À retenir

Il n'existe pas d'adaptation parfaite et, même si l'on crée le meilleur des produits, le succès ou l'échec dépendent de nombreux autres facteurs contextuels et contingents. Les voies de l'adaptation ne sont pas impénétrables, mais prennent des cheminements et, parfois, des détours difficiles à prévoir : bricolages, innovations de rupture, et aussi le retour de produits que l'on croyait dépassés et qui trouvent de nouvelles niches. Il y aurait bien une solution, celle d'un modèle planifié des besoins et des usages. Seulement, entre Thomas Edison et Steve Jobs, aucune innovation majeure n'est sortie des systèmes économiques dirigistes. D'autre part, s'adapte-t-on à un marché déjà existant ou crée-t-on de nouveaux marchés ? Nous verrons dans la seconde partie de cet ouvrage que pour des raisons structurelles et historiques – donc culturelles – les entreprises européennes excellent sur des marchés déjà structurés, mais arrivent difficilement à inventer de nouveaux marchés comme les entreprises américaines.

CHAPITRE 4

# QUELQUES STRATÉGIES ADAPTATIVES

## Évolution sans sélection ni adaptation

Il m'arrive de rencontrer des dirigeants d'entreprises qui me disent que, jusqu'à il y a peu, tout allait pour le mieux, mais que la situation devient plus difficile. Ils assurent qu'ils manageaient bien et, la preuve en est, tout se passait pour le mieux dans le meilleur des mondes possibles. S'ils ne se trompent pas sur le fait qu'il faut faire évoluer leur management, ils s'égarent quant à la compréhension de leur situation antérieure. C'est une erreur d'appréciation très répandue dans les sciences de la nature comme dans les sciences humaines : on parle de lois de la nature, de lois de l'évolution, de lois de l'économie ou encore de lois de l'histoire. Ce ne sont là que des appréciations *a posteriori* ou *post-hoc*; autrement dit des « lois » empiriques fondées sur des récurrences ou des corrélations, mais qui ne décrivent en rien une loi interne et agissante, ce que l'on appelle une loi monologique. En fait, il y a confusion entre « lois » et « mécanismes ».

La gravitation universelle est le parfait exemple de loi monologique : dès que des masses sont en présence, elles s'attirent, et ce partout dans le temps et dans l'espace, d'où son caractère « universel ». Si ce n'est pas le cas, alors on recherche d'autres forces susceptibles de s'opposer à leur attraction. (*C'est le problème de l'expansion apparemment accélérée de l'univers observable qui suppose la présence d'une « énergie noire*[1]*. »*) Cependant il n'existe pas de telles lois dans les sciences de la nature ni dans les sciences humaines ; et encore moins dans leurs dimensions historiques. L'interaction, comme nous l'avons vu, de phénomènes indépendants les uns des autres – dont certains obéissent à des lois déterministes – provoque du hasard et de la contingence.



La sélection naturelle fonctionne sur le couple variation/sélection. On a évoqué toutes les sources de variabilité, des simples mutations à la sélection sexuelle. La sélection est un mécanisme universel qui se manifeste quand des individus différents se trouvent confrontés à des ressources limitées, quelles que soient ces « ressources », et aux divers facteurs de l'environnement – agents pathogènes, prédateurs, compétiteurs, changements saisonniers et autres, etc.

Si l'environnement se montre favorable, avec abondance de nourriture et sans agents pathogènes, tout va pour le mieux dans le meilleur des mondes possibles.

1. Lire *Le monde a-t-il été créé en sept jours ? op. cit.*

En période de forte fructification dans les forêts tropicales, tous les singes et d'autres espèces se retrouvent sur les mêmes arbres à se délecter de fruits ; il n'y a pas de compétition et donc pas de sélection. Les périodes de reproduction chez les oiseaux et les mammifères sont corrélées avec les périodes d'abondance, le printemps et le début de l'été. Les oiseaux migrateurs nichent près du cercle arctique et bénéficient d'un long jour de plusieurs mois avec une immense biomasse de ressources végétales, d'insectes et de petits animaux.

Si un nouveau marché s'ouvre, tout le monde a sa chance. L'absence de pression de compétition et de sélection admet toutes les possibilités, ce qui donne l'impression fallacieuse que l'on est formidable. Mais lorsque le marché se sature ou se rétrécit, c'est là qu'intervient la sélection. Il en a été ainsi avec la téléphonie mobile au milieu des années 1990. Une entreprise comme Nokia, éloignée du domaine de l'électronique, a pu trouver sa place ; aujourd'hui, dans un marché très concurrentiel, ce serait tout simplement impossible. Une fois la course de la Reine Rouge engagée, interviennent des stratégies beaucoup plus complexes (lire la section suivante).



Les périodes non sélectives admettent aussi l'apparition de caractères non adaptatifs. C'est le cas de l'obésité dans toutes les sociétés actuelles confrontées à l'abondance alimentaire. La capacité à stocker des graisses est certainement une adaptation sélectionnée au cours de l'histoire des populations humaines et qui, dans ce nouveau contexte, pose de nombreux problèmes aux individus et aux sociétés. (*Les problèmes associés à l'obésité coûtent près de 250 milliards de dollars par an à la société et aux entreprises américaines ; pour comparaison, c'est l'équivalent du budget de toute la santé publique en France.*) Le constructeur américain GM a trop longtemps bénéficié d'un marché fondé sur la devise « *big is beautiful* » sans problème d'approvisionnement en carburant et avec la certitude que de toutes les façons l'État fédéral le soutiendrait. Ils sont trop gros pour disparaître, vieille devise des dinosaures. Les changements brutaux dus aux tensions sur le marché pétrolier, les *subprimes*, les impératifs liés à la protection de l'environnement et l'attitude de l'État fédéral ont provoqué une période de sélection très critique, ce que l'on appelle un « goulot d'étranglement ». En 2011, GM repart, mais après une phase de sélection drastique avec de nouvelles adaptations.



## Lecture pour l'entreprise

L'intensité actuelle de la compétition à l'échelle planétaire a fait oublier combien les décennies d'après la Seconde Guerre mondiale ont été une exception qui nous a mal préparés à la situation actuelle. D'abord un mode de développement fondé sur les mêmes besoins ; puis une période d'expansion vers les autres pays avec une mondialisation à l'avantage des pays de l'ex-G7. Aujourd'hui, ce que l'on appelle la crise met un terme à une période exceptionnellement peu sélective. En fait, d'un point de vue évolutionniste, nous sommes dans une période tout aussi normale que celle qui a précédé[1].

1. Lire « Crise, entreprise et évolution », in *Cahiers de Friedland* 6, *op. cit.*

Ces périodes non sélectives offrent l'opportunité de favoriser toutes sortes d'innovations darwiniennes (ce qui requiert aussi des modes de gestions et de financement assez souples que ne permettent pas les exigences de trop d'actionnaires). Elles offrent aussi la possibilité de se lancer sur de nouveaux marchés avec de moindres risques. Les phases de sélection finiront bien par arriver et la diversité des facteurs jouant sur ces variations peut favoriser de nouvelles adaptations.

Il y a encore peu de temps, de grandes entreprises habituées à la forte compétition en Europe se sont bâti un grand succès dans les BRIC (Brésil, Russie, Inde et Chine), comme dans la grande distribution. En fait, elles ont retrouvé dans ces pays les conditions d'un marché de croissance fondé sur la consommation de masse. Elles étaient bien adaptées à ces marchés sans cesse demandeurs. Mais aujourd'hui, les conditions concurrentielles se resserrent et il leur faut trouver de nouvelles adaptations, certainement avec des stratégies plus qualitatives et de services.



## Les stratégies K et *r*

Si l'on se cale sur l'idée que l'évolution résulte du succès reproducteur différentiel des individus, on comprend que le plus simple serait de concevoir le plus grand nombre possible d'individus à chaque génération, ce qui n'est évidemment pas le cas. Pour ne rester que chez les mammifères, les rongeurs et leurs prédateurs – comme les chats – se reproduisent avec des portées nombreuses après de courtes périodes de gestation, tandis que chez les éléphants et les grands singes, les femelles mettent un seul petit au monde après une longue gestation. Les évolutionnistes désignent respectivement ces deux stratégies par les lettres *r* et K. Ce sont des paramètres d'équations établies par des écologistes intéressés par les stratégies d'occupation des milieux. Ces stratégies quantitatives ou qualitatives se retrouvent dans tous les grands secteurs économiques avec une tendance empirique et générale qui conduit à des stratégies K dans des écosystèmes de plus en plus concurrentiels.

## Quantité et opportunisme

L'un des cas les plus extrêmes de stratégie *r* se manifeste chaque année chez les lemmings, ces petits rongeurs des régions péri-arctiques que l'on dit se « suicider » à la fin de chaque été. Sous ces hautes latitudes, il n'y a que deux jours et deux saisons : l'été et l'hiver. Quand l'été arrive, la végétation se développe rapidement, offrant des ressources illimitées aux rongeurs. Les lemmings en profitent pour se reproduire le plus vite possible. Les femelles mettent au monde des portées de plusieurs petits très immatures qui ressemblent à des fœtus. Ils croissent très vite, sont sevrés rapidement, atteignent leur maturité somatique ou taille adulte très rapidement, puis la maturité sexuelle. Ce sont les « paramètres d'histoire de vie » et ils sont courts. Leurs effectifs augmentent exponentiellement, puis tout s'arrête brutalement avec l'arrivée de l'hiver. La végétation s'éteint et des troupeaux de milliers de lemmings errent à la recherche de nourriture. Il arrive qu'ils se précipitent dans la mer, désemparés. Il ne s'agit évidemment pas d'un suicide collectif.

Dans les stratégies *r*, les espèces assurent leur survie sur le nombre avec un très faible investissement parental. C'est une stratégie favorisée dans des environnements où les conditions varient brutalement, en jouant sur les effectifs, avec des effets d'accordéon de très grande amplitude sur la taille des populations. La plupart de ces espèces sont de petite taille avec une espérance de vie de quelques mois à quelques années. Il existe des exceptions notables, comme chez les grands prédateurs – tigres, lions, loups, etc. –, mais pas tous, comme les ours. On retrouve aussi des espèces opportunistes comme les cochons, les sangliers, etc.

## Qualité et compétitivité

Il en va tout autrement des stratégies K avec un seul petit qui vient au monde très mature ou précoce après une longue gestation, suivie d'une période d'allaitement de plusieurs années avant le sevrage, puis une enfance qui dure avant d'atteindre l'âge adulte tardivement. Les herbivores – gazelles, cervidés, bovins, ovins, équidés, etc. – sont de type K avec un seul petit au maximum tous les ans, capable de courir juste après la naissance. Puis, il y a les espèces que l'on pourrait désigner comme « super-K », comme les baleines, les dauphins, les éléphants, les grands singes et les hommes. Les femelles mettent au monde un seul petit plutôt mature, mais moins que chez les grands herbivores (*contrairement à ce qui se répète en sciences humaines, le petit humain ne naît pas immature ; rien à voir avec ces « fœtus » nouveau-nés des espèces* r). Le sevrage n'arrive pas avant l'âge de quatre ans. Pendant ce temps, les femelles ne font pas d'autre petit – il n'y a pas d'ovulation pendant les périodes d'allaitement, ce qui limite considérablement leurs chances de succès reproducteur, même si leur espérance de vie se cale entre quarante et soixante ans. L'âge adulte arrive entre dix et vingt ans. Les jeunes ne peuvent donc pas survivre sans des mères compétentes ni le groupe. Sa viabilité dépend des autres. Toutes ces espèces se caractérisent par un cerveau très développé, une vie sociale intense, une longue enfance avec l'apprentissage de la vie sociale et des traditions. On parle de « culture » chez les grands singes. Il y a donc un fort investissement sur des jeunes rares et précieux, ce qui implique de l'empathie, de la sympathie et la capacité de se représenter l'autre – donc la conscience de soi et des autres ou théorie de l'esprit. Toutes ces caractéristiques, que ce soit pour les paramètres d'histoire de vie ou les capacités cognitives – s'associent à un cerveau très développé, car la principale fonction d'un gros cerveau est justement liée à une vie sociale complexe[1].



Les stratégies K se rencontrent chez des espèces vivant dans des milieux relativement stables et dans des communautés écologiques complexes, comme les milieux marins, les forêts de la bande des tropiques et les régions tempérées chaudes. Les derniers grands singes – chimpanzés, gorilles, orangs-outangs et hommes – ont survécu dans la compétition avec les autres singes grâce à

1. Lire *Le Sexe, l'Homme et l'Évolution*, *op. cit.*

ces adaptations sociocomportementales. Cette petite histoire de notre évolution mérite d'être racontée, car c'est exactement la situation que nous connaissons dans le cadre de la mondialisation actuelle[1].

## La planète des singes et la mondialisation

Le schéma obsolète de l'évolution de la lignée humaine calé sur l'échelle des espèces livre une idée complètement erronée de ce qu'a été notre évolution. En plaçant l'homme au sommet de cette échelle – donc à l'échelon le plus haut –, il s'ensuit que les espèces les plus proches de nous – les grands singes – sont plus récentes et plus évolués que les autres singes – babouins, macaques, entelles, cercocèbes, etc. –, eux-mêmes plus évolués que les lémuriens, etc. Plus on descend les échelons, plus cela se dégrade. (*Nous verrons plus loin combien cette image tenace continue à nous égarer dans le contexte de la mondialisation.*)

## L'âge d'or des grands singes

Actuellement, il existe deux grandes superfamilles de singes : les hominoïdes avec l'homme, les grands singes et les cercopithécoïdes ou singes à queue avec les macaques, babouins et autres. On recense sept espèces d'hominoïdes pour une centaine de cercopithécoïdes. Nous sommes

1. Lire Picq, P., in *Atlas des mondialisations,* hors série n° 4, *La Vie/Le Monde*, 2010-2011.

donc sur la planète des singes à queue et non pas celle des grands singes comme dans le roman de Pierre Boulle, *La Planète des singes* (1963), adapté plusieurs fois au cinéma. Il y a vingt millions d'années en Afrique, nos ancêtres hominoïdes occupaient toutes les niches écologiques pour des singes de quelques kilogrammes à une centaine de kilogrammes. À côté d'eux, on ne connaît que deux espèces fossiles de cercopithécoïdes. C'est le premier âge d'or des hominoïdes.

Il y a dix-neuf millions d'années environ, l'Afrique se rapproche de l'Eurasie avec pour effet de séparer la Méditerranée de l'océan Indien et l'émersion du Proche et du Moyen-Orient. De grands mouvements de faunes se sont faits dans les deux sens et nos ancêtres hominoïdes en ont profité pour s'étendre sur les franges méridionales de l'Eurasie, de l'Espagne à la Chine. C'est le deuxième âge d'or des hominoïdes, la vraie planète des grands singes.



La grande lignée des hominoïdes européens s'est éteinte il y a six millions d'années environ à cause de la dégradation écologique qui fait suite au quasi-assèchement de la Méditerranée. En basculant dans le sens des aiguilles d'une montre selon nos conventions cartographiques, la plaque africaine ferme le détroit de Gibraltar. Or, la Méditerranée est un bassin déficitaire, ce qui signifie que les fleuves et les rivières n'apportent pas assez d'eau pour compenser l'évaporation ; c'est l'Atlantique qui la maintient à flot. La grande lignée asiatique a connu aussi un fort déclin à partir de cette époque et pour deux raisons. La première provient de l'installation des périodes glaciaires. Quand il fait froid, les forêts se resserrent vers l'équateur ; quand il fait chaud, elles s'étendent vers les hautes latitudes (facteurs environnementaux). Mais à ce régime, les hominoïdes asiatiques se sont trouvés désavantagés par rapport à leurs concurrents directs, les macaques, représentés actuellement par une vingtaine d'espèces (Reine Rouge). Aujourd'hui, les derniers survivants sont les orangs-outangs de Sumatra et de Bornéo.

## Les singes émergents

Dans ce déclin généralisé des hominoïdes, la lignée africaine, la nôtre, s'en est plutôt bien sortie, jusqu'à une période récente. On connaît encore assez mal la diversité passée de nos ancêtres africains qui ne cesse de s'accroître au fil des découvertes. Du temps de Lucy, entre quatre et trois millions d'années, on répertorie cinq à six espèces d'australopithèques répartis en Afrique australe, centrale et orientale. De même pour la période suivante avec plusieurs types d'hommes et d'australopithèques robustes, respectivement les genres *Homo* et *Paranthropus*. Il y a encore à peine cinquante mille ans, on comptait quatre à cinq espèces d'hommes réparties sur l'Afrique, l'Europe et l'Asie. Aujourd'hui, il n'en reste plus qu'une, avec les derniers chimpanzés et gorilles. Au cours de cette évolution, les babouins – plus d'une dizaine d'espèces – ont pris les niches écologiques des australopithèques et des premiers hommes.

Les derniers hominoïdes ont survécu dans la course de la Reine Rouge en devenant des espèces super-K. Toutes les espèces de singes sont, comparées aux autres mammifères, des espèces K ; mais ce qui importe ici sont les stratégies relatives et non pas absolues. Les singes cercopithécoïdes peuvent se reproduire deux à trois fois plus vite que les grands singes hominoïdes. (*Seule notre espèce a renoué avec une capacité de se reproduire plus intense depuis l'invention des agricultures ; le trop fameux « croissez et multipliez ». Depuis dix mille ans, la démographie a toujours joué un rôle prépondérant dans l'histoire entre les cités, les empires et les nations, aujourd'hui en Europe et dans le monde.*) Ce différentiel procure un avantage aux cercopithécoïdes confrontés aux changements d'environnement dictés par les glaciations et qui accusent des rythmes et une intensité de plus en plus marqués depuis trois millions d'années. Les derniers hominoïdes ont survécu en s'engageant dans des stratégies super-K. Les gorilles mis à part, les autres grands hominoïdes se distinguent par des vies sociales très souples, des régimes alimentaires assez généralistes, l'usage d'outils divers et des traditions qui varient d'un groupe à l'autre, autrement dit, des cultures.



La lignée humaine se dégage dans ce contexte et va accentuer ces tendances avec des stratégies hyper-K. Les australopithèques utilisaient des bâtons à fouir pour déterrer les parties souterraines des plantes et ont inventé les outils de pierre taillée. Quelque temps plus tard, entre deux et un million et demi d'années, le genre

*Homo* est apparu avec des individus de plus grandes tailles corporelles, de plus gros cerveaux et des paramètres d'histoire de vie encore plus allongés. Rapidement, les premiers hommes ont innové avec l'usage du feu et de colorants ainsi que de nouvelles techniques de taille avec la recherche de formes efficaces et esthétiques. Puis les hommes se sont déployés depuis l'Afrique en Europe et en Asie, donnant une diversité d'espèces que l'on n'a pas encore fini de cerner. Aujourd'hui, il ne reste qu'une seule espèce partout sur la Terre, un succès qui risque de se retourner contre nous[1].

## Lecture pour l'entreprise

L'histoire récente des hominoïdes précède de quelques millions d'années ce que les entreprises occidentales ont connu depuis quelques décennies. Après une vive compétition entre les pays de l'ex-G7, elles ont quitté l'Europe, les États-Unis et le Japon, à la recherche de nouveaux marchés. Elles ont confié tout ce qui tenait de la production quantitative ou de type *r* aux pays non encore émergents, tout en développant entre elles des stratégies de plus en plus K. Pendant des années, ces pays ont assuré leurs exportations avec des produits de qualité tout en important en masse les produits de type *r*. Mais la course de la Reine Rouge ne s'arrête jamais et aujourd'hui, des pays comme la Chine, l'Inde, l'Afrique du Sud et le Brésil s'engagent de plus en plus sur des produits de type K. Si les entreprises des pays occidentaux et tout particulièrement d'Europe veulent rester dans la course, elles doivent rapidement adopter des stratégies hyper-K. Mais en prend-on le chemin ? Les premiers grands hominoïdes à avoir disparu sont

1. Lire *Il était une fois la paléoanthropologie*, *op. cit.*

ceux de la lignée européenne. Rien de prémonitoire, à condition d'insister sur la qualité de l'éducation et de la formation en Europe.

Avec les conséquences de la crise financière, les pays européens se trouvent confrontés à des déficits énormes et, pour réduire les dépenses publiques, effectuent des coupes budgétaires qui touchent l'enseignement supérieur (non-respect du « protocole de Lisbonne »), à l'exception de la France et de l'Allemagne. C'est un très mauvais choix, car les Chinois ont fait leur révolution démographique avec des parents qui éduquent un ou deux enfants poussés à faire de longues études. On ne va pas tenir longtemps avec nos modèles de la réussite issus de « Star Academy » ou du football. D'autre part, le plus faible taux d'investissement en R&D par rapport aux États-Unis, au Japon et à la Chine n'est pas un signe encourageant, surtout dans un contexte où l'on est déjà passé d'une stratégie par produit à une stratégie par concept, notamment avec le développement des services (économies tertiaire et quaternaire). Comme pour notre lignée, notre survie passera par plus de culture, d'esthétique et de design, ce qui oblige à sortir d'une culture d'ingénieur pour des approches innovantes avec des artistes, des créateurs et les sciences humaines.



De façon empirique, l'évolution montre que pour investir un nouveau marché, mieux vaut l'aborder avec des produits de faible qualité et répondant à une forte demande (par exemple, le système VHS contre le Betamax pour les magnétoscopes, avant l'arrivée du numérique). Puis, quand le marché se sature, il faut compter sur des produits de meilleure qualité (par exemple, l'évolution fulgurante des téléphones portables). C'est ce que l'on observe pour le changement de stratégie de reproduction de nombreuses espèces, non pas bisexuelles, mais capables de se reproduire par simple division ou sexuée, comme les éponges. Elles colonisent un nouvel espace le plus vite possible en se multipliant au moindre coût par division. Puis, quand l'habitat se sature, elles investissent dans la sexualité, un mode de reproduction plus coûteux, mais qui crée de la diversité avec des individus susceptibles d'entrer avantageusement en compétition dans un environnement qu'ils rendent eux-mêmes de plus en plus concurrentiel.

Une autre règle empirique est, qu'au fil du temps, il y a de moins en moins d'espèces d'une lignée engagées dans les stratégies qualitatives tandis que les niches moins quantitatives libérées dans cette course de la Reine Rouge sont investies par des espèces venant d'autres lignées (avionique, automobile). Enfin, il est très difficile de revenir vers des stratégies *r* quand on s'est déjà engagé dans une stratégie K (par exemple, les difficultés de Mercedes et d'Audi pour réinvestir le marché des petites citadines de luxe, surtout avec l'arrivée de la Smart, issue d'un autre concept).



Le secteur de l'automobile illustre parfaitement toutes ces règles empiriques de la macroévolution. Un vaste marché s'ouvre en Europe après la Seconde Guerre mondiale avec les 2CV, les 4L et autres 4 chevaux, les petites Fiat et les Coccinelle (Volkswagen est la « voiture du peuple »). La course de la Reine Rouge et à la qualité s'est amorcée dans les années 1970, et accélérée dans les années 1980 avec l'arrivée des marques japonaises et coréennes. (*Franchement, il fallait vraiment être aveuglé par notre arrogance occidentale pour ne pas voir venir cela après le succès foudroyant des constructeurs japonais de motocyclettes !*) La course à la qualité conduit à des fusions entre de très grands constructeurs mondiaux. Déjà partis dans des stratégies K, ils s'efforcent de conserver le marché des voitures *r*, mais en s'associant à des constructeurs d'Europe de l'Est, en Russie encore plus à l'Est et, toujours plus à l'Est, avec l'Inde et la Chine. Les champions de la stratégie hyper-K sont incontestablement les Allemands. Les Italiens se débattent sur un marché *r* qui leur échappe et affrontent une réputation pas assez fiable pour leurs marques K. Quant aux constructeurs français, ils se maintiennent avec des stratégies K intermédiaires entre l'Italie et l'Allemagne.

Les pays « émergents » arrivent avec de nouvelles approches, notamment avec les véhicules électriques, comme les BYD chinoises. Tandis que les constructeurs « classiques » s'efforcent de faire entrer des batteries et des moteurs électriques dans leurs voitures (contraintes phylogénétiques), BYD conçoit ses voitures autour de nouvelles batteries et de nouveaux moteurs électriques : du bricolage doublé d'un changement de concept qui contourne les contraintes historiques ; ils ne partent pas des mêmes sommets du triangle des adaptations !

Quant aux grands constructeurs, ils ont trop eu tendance à exercer une forte pression sur les équipementiers en durcissant leur politique d'achats. Ces derniers ont dû à leur tour réduire leurs coûts de fabrication ainsi que leur R&D. Conséquence : de plus en plus de problèmes avec des composants. Les problèmes de Toyota viennent de là, vouloir faire des voitures plus K mais en ayant contraint les équipementiers à devenir plus *r* ; ce n'est pas faisable. Et GM ? C'est l'exemple même d'une stratégie *r* qui joue sur la taille et qui, de ce fait, ne s'engage pas dans une vraie stratégie K. « *Big is beautiful* » ne résiste pas dans un marché de plus en plus compétitif ni dans un contexte mondial contraint par les demandes sur les matières premières et les soucis de préserver l'environnement.

Un exemple récent concerne le bâtiment. Le faux miracle espagnol s'est construit essentiellement sur le développement de l'immobilier et sans investissement suffisant sur l'économie de la connaissance. Pire, la fièvre immobilière s'est fondée sur une stratégie *r*, sans volonté de favoriser de l'habitat de qualité. En France, l'immobilier a également subi la crise de plein fouet mais, grâce au Grenelle Environnement, l'ensemble de la profession – soutenu par les pouvoirs publics – s'est engagé dans la construction de logements de haute qualité énergétique et pour l'amélioration de l'habitat ancien. Une stratégie K exige un contexte « écologico-économique » complexe qui fait appel à l'innovation venant des industries des matériaux, mais aussi des architectes, des incitations fiscales, etc.[1]

Les délocalisations reposaient sur des stratégies *r*. Aujourd'hui, de plus en plus d'entreprises relocalisent pour contrôler la qualité de leurs produits, comme dans le textile (la moitié des voitures allemandes est fabriquée en Allemagne). Si l'on prend en compte les délais de livraison, les notions de services de proximité et le coût de l'empreinte carbone – donc autant de critères qualitatifs –, on apprécie l'importance des stratégies K pour les pays européens.

L'une des difficultés du nucléaire français vient peut-être de là. Engagé seul dans une stratégie hyper-K, il ne présente pas une gamme de propositions sur des marchés émergents qui attendent des solutions moins K. C'est le problème quand on prend trop d'avance dans la course. Ce qui vaut pour les industries du luxe ne vaut pas pour les équipements. Mais les événements dramatiques qui ont frappé le Japon en mars 2011 rappellent que dans certains domaines, il est dangereux de ne pas miser sur des stratégies super-K.





1. Lire Picq, P., *Constructif*, 2010.

## La balade du transistor

Pour clore cette section, reprenons ici un article récent de *The Guardian* traduit dans le *Courrier International 1072* daté du 19 mai 2011.

Les jeunes de l'âge de l'iPod et de l'iPhone ignorent tout d'une période devenue préhistorique pour eux : celle de Sony et des baladeurs. L'un des deux cofondateurs de Sony, Akio Morita, compte parmi les vingt personnalités les plus influentes du XXe siècle. L'inventeur du baladeur développe une entreprise florissante avec la PlayStation, le téléviseur Trinitron et autres caméscopes. Suivi par d'autres grandes entreprises japonaises, c'est l'invasion du marché américain, puis européen dans les années 1980. Aujourd'hui, Sony n'arrive plus à retrouver d'avantages en termes d'innovation par rapport à ses concurrents – n'ayant pas anticipé l'arrivée des lecteurs MP3 comme l'iPod –, se distinguant assez peu dans la téléphonie mobile, tout en restant une grande d'entreprise d'ingénieurs, dotée d'une belle réputation dans l'électronique, les ordinateurs, l'optique et tout ce qui touche à la vidéo et au son. Le succès du Blu-ray cache cette difficulté.

L'aventure commence avec Masaru Ibuka, l'autre cofondateur de Sony, qui se rendit aux États-Unis au début des années 1950 pour découvrir et mieux connaître les transistors. De là vient le projet de les utiliser dans la conception d'appareils radiophoniques et dans d'autres applications électroniques pour le grand public. D'un point de vue évolutionniste, c'est une exaptation, puisque le transistor a été inventé pour perfectionner les ordinateurs – adaptation – et appliqué à d'autres usages. Ensuite, il y a innovation au sens de Schumpeter avec de nouveaux concepts, comme le baladeur, et par bricolage comme le caméscope (perfectionnement d'un appareil ancien – la caméra – grâce à l'électronique). D'autres entreprises se lancent sur ces nouveaux marchés, ce qui enclenche la course de la Reine Rouge. En l'absence de nouvelle innovation conceptuelle disruptive, Sony se trouve entraîné dans des stratégies de type développement (ou K), où elle excelle. Fortement engagée dans une démarche de type lamarckien, elle manque dorénavant d'innovation darwinienne (lire la seconde partie). En grossissant, l'entreprise bénéficie en effet de l'importance de sa taille, mais aussi de ses contraintes et des effets de silo dans son organisation, avec pour conséquence de moins en moins d'interactions entre ses grands départements et filières. On retrouve d'abord les ingrédients de la spéciation périphérique avec, il y a une cinquantaine d'années, une entreprise de petite taille qui innove en fixant rapidement plusieurs innovations (l'entrepreneur au sens de Schumpeter), puis une entreprise grandissante par développement et effet de taille. Au fil du temps, l'entreprise qui inventa « la musique en mouvement » n'arrive plus à retrouver le rythme de ses innovations.



Pendant ce temps, Steve Jobs s'occupe de Next, sans grand succès, mais, dans une culture de « l'essai erreur », cela lui permet de proposer et de tester des idées nouvelles, ce qui le conduit à revenir chez Apple – parcours inconcevable en Europe – et à développer le lecteur MP3 connu sous le nom d'iPod. Autrement dit, le concept du baladeur avec un nouveau mode de lecture, tout comme l'avaient fait les cofondateurs de Sony avec le transistor. Dans cette aventure, les inventeurs d'Apple craignaient de se faire talonner par Sony et furent surpris de constater leur avance technologique sur ce marché.

Sony est-il meilleur qu'Apple ? Comme dans l'évolution, il est toujours plus facile de constater *a posteriori* ce qui apparaît comme des erreurs de stratégies ou d'appréciation. D'un point de vue évolutionniste, c'est la récurrence des mécanismes qui frappe : exaptation, fixation périphérique, développement, la Reine Rouge et la construction inéluctable de contraintes à la fois structurales et historiques, puis l'émergence d'un nouvel acteur qui emprunte les mêmes chemins de l'évolution, mais avec d'autres bricolages. Le secteur de la téléphonie mobile nous offre un bon exemple avec la situation actuelle de Nokia.



Si l'on se réfère au triangle des adaptations, les entreprises innovantes commencent avec peu de contraintes de structure et, évidemment, peu d'inertie historique. Elles se positionnent près du sommet du triangle. Puis, au fil de leur succès et de leur développement, leur adaptabilité descend vers la base et si la culture historique de l'innovation s'altère, alors elle se fige sur les structures et n'a plus que le développement comme perspective. Il importe de rappeler que le développement dans l'évolution des espèces se caractérise par un jeu de contraintes et d'innovations, ces dernières émergeant dans le jeu des possibles des contraintes – je renvoie ici à l'exemple de l'évolution de notre système locomoteur.

Une fois de plus, il ne s'agit pas de fatalité et encore moins d'une énième théorie des cycles économiques ou historiques, et certainement pas évolutionnistes. L'anthropologue reste consterné par ces quêtes « mystico-ontologiques » de sens ou de lois sous-jacentes dont les piètres démonstrations se limitent à des éléments factuels sélectionnés dans le seul but de valider un schéma préétabli (ah, Pangloss !) ; c'est l'inverse de toute démarche scientifique fondée sur la réfutabilité et de ce qu'est l'évolution. J'insiste : il n'y a ni finalité ni cyclicité dans l'évolution, mais des mécanismes dont j'ai esquissé les logiques, et qu'il nous appartient de comprendre pour mieux les appréhender et les mettre en œuvre.



Je connais le succès de ces pseudo-gourous du management et leurs médiocres thèses qui font vibrer notre inconscient mystique et qui, plutôt que d'apporter une démonstration de leurs affirmations, croient tenir une théorie en critiquant les sciences et les théories de l'évolution, se nourrissant d'un syncrétisme affligeant, alors qu'ils ne comprennent rien à ce qui a été exposé dans les premiers chapitres de ce livre. (*Et même, en prenant un raisonnement par l'absurde, si les scientifiques se sont trompés, cela ne signifie pas que les autres conceptions du monde sont vraies pour autant. La chute du communisme n'a pas abouti à un capitalisme merveilleux absous de tout défaut, d'autant que les Chinois nous en administrent une démonstration inattendue.*) Les manageurs ont le droit de choisir leur vision du monde, comme tout être humain ; mais que devient le management si nous sommes engagés dans un processus finalisé ou cyclique ? Tous les entrepreneurs au sens de Schumpeter – dont certains sont évoqués au fil de ces pages – ne se sont pas préoccupé de ces billevesées et ont été les acteurs de notre évolution !

## L'isolationnisme et le protectionnisme : des réponses létales

Une réaction à la mondialisation et à la Reine Rouge globalisée serait le protectionnisme, comme on l'entend à nouveau. Tant que l'Occident dominait de par le monde, d'abord par le colonialisme puis l'expansion du capitalisme, tout allait pour le mieux dans le meilleur des mondes possibles. Maintenant que les BRIC viennent nous concurrencer, ce n'est plus du jeu.



La mondialisation a toujours existé et l'histoire de notre famille évoquée plus haut en est un exemple parmi tant d'autres[1]. Il y a vingt-cinq mille ans, de l'ivoire de mammouth, des coquillages nacrés, des statuettes circulaient de l'Atlantique à la Sibérie[2]. *Homo sapiens* est avant tout un *Homo economicus.*

1. Lire *Atlas des mondialisations, op. cit.*
2. Lire Picq, P., *Palabres acte I,* conférence dansée, texte à paraître, et *100 000 Ans de beauté,* Gallimard, 2009.

Dans l'évolution, il y a une autre règle empirique toujours vérifiée : les espèces ou les communautés écologiques isolées finissent par disparaître quand elles se retrouvent en contact avec des espèces venant de systèmes écologiques plus étendus et avec des interactions plus complexes. C'est ce qui se passe à chaque fois qu'une île se retrouve en contact avec le continent. Il y a douze mille ans, les îles de la Sonde formaient une vaste région – la Shunda – reliée au continent sud-asiatique. Avec l'arrivée du dernier réchauffement climatique, le niveau des mers a monté, isolant ces îles et leurs faunes. La première conséquence est la simplification de la pyramide écologique. En effet, la pyramide est la forme architecturale la plus simple dont la hauteur dépend de la taille de sa base. La surface d'une île étant plus restreinte, elle ne peut soutenir qu'un système écologique plus simple. Une évaluation empirique montre qu'en multipliant la surface d'un écosystème par dix, la biodiversité double dans toutes ses composantes, notamment le nombre d'espèces. (*Plus que par analogie, on apprécie toute l'importance d'un espace économique comme la zone euro !*)



Actuellement, et pour ne considérer que les prédateurs situés au sommet des systèmes écologiques, on recense sur le continent sud-asiatique le tigre, trois espèces de panthères, une dizaine d'espèces de chats, des dols ou chiens sauvages et le petit peuple des mustélidés (famille des belettes, martres, etc.). Évidemment, la diversité des herbivores est en conséquence. Il en va autrement quand cette communauté se retrouve isolée par la montée du niveau des eaux. Soit les tigres deviennent plus petits et éliminent les panthères (Sumatra) ; soit les panthères acquièrent des tailles plus grandes et écartent les tigres (Bornéo). Il en va de même à tous les niveaux de la pyramide écologique. Quand le niveau des mers baissera à nouveau lors de la prochaine glaciation, toutes les faunes insulaires, pourtant issues d'une même histoire commune récente, disparaîtront ou seront assimilées si l'interfécondité est encore possible.

## De la compétitivité entre les systèmes écologiques

L'exemple le plus spectaculaire, et à plus grande échelle, est la rencontre des Amériques il y a quelques millions d'années. Depuis cent millions d'années, les mammifères placentaires occupent les continents septentrionaux (Amérique du Nord, Europe, Asie) et l'Afrique proche de ces derniers. Quant aux mammifères marsupiaux, ils s'étendent sur les continents austraux (Australie, Antarctique et Amérique du Sud), reliés entre eux avant leur dislocation il y a plus de cinquante millions d'années. (*Chez les placentaires, l'embryon puis le fœtus se développe dans l'utérus, bien protégé et nourri par l'intermédiaire du placenta ; chez les marsupiaux, l'embryon migre très tôt hors de l'utérus et poursuit son développement dans une poche, la marsupie.*) L'Australie devient une super île tandis que l'Amérique du Sud devient un super radeau avec ses faunes marsupiales, tout ce petit monde dérivant tranquillement vers le nord au cours de l'ère tertiaire. (*Pareil pour l'Antarctique, dont la biodiversité s'est éteinte dans sa dérive vers le pôle Sud et la formation d'immenses glaciers, causant une chute de plus de dix degrés de la température moyenne de la Terre, il y a environ trente-cinq millions d'années.*) C'est entre cinq et trois millions d'années que les deux Amériques se rejoignent, désormais liées par l'émersion de l'Amérique centrale et de l'isthme de Panama (l'infortuné Ferdinand de Lesseps ignorait cette histoire). Et là est apparue une confrontation inouïe entre les deux grandes lignées de mammifères séparées depuis plus de soixante millions d'années.

Chez les placentaires au nord comme chez les marsupiaux au sud, on trouvait des prédateurs similaires, comme des « tigres à dents de sabres » ; de même chez les herbivores (adaptations analogues ou convergences adaptatives). À partir de là, on peut spéculer sur tel prédateur placentaire prenant la place d'un prédateur marsupial et inversement ; de même entre les herbivores. Une sorte de redistribution des cartes écologiques. Mais cela ne se passe jamais comme cela. Une communauté écologique supplante l'autre et ne subsiste de cette dernière que des espèces dans des niches écologiques très spécialisées. Il reste très peu de mammifères marsupiaux en Amérique du Sud et le seul ayant été capable de s'installer dans le Nord est l'opossum de Virginie (dont un spécimen fut offert à la jeune reine d'Angleterre Elizabeth I par la princesse amérindienne Pocahontas).



Bien que l'Amérique du Sud soit une très grande région, les faunes placentaires de l'Amérique du Nord étaient en relation avec les faunes des continents septentrionaux et issues d'une histoire évolutive plus complexe. C'est exactement ce qui s'est passé lorsque l'économie de l'Allemagne de l'Est s'est retrouvée confrontée avec celle de l'Allemagne de l'Ouest. Les entreprises de l'ex-RDA bénéficiaient d'un système de protection associé à un ensemble plus vaste d'une économie planifiée et non concurrentielle. Les entreprises de l'ex-RFA étaient et restent des acteurs très compétitifs de l'ensemble de l'économie mondiale. Très peu d'entreprises de l'Est ont survécu, sauf dans des secteurs d'activités non investis par les entreprises de l'Ouest.

## Lecture pour l'entreprise



La concurrence n'est pas le concept préféré de la société française. La France traîne encore sa passion pour les seconds – Poulidor *vs* Anquetil – et vénère son village gaulois qui résiste encore et toujours. Mais que serait le succès du Parc Astérix sans l'envahissant Disneyland Paris ? Pour des raisons culturelles profondes, les notions de compétition et de sélection – comme la très honnie et incomprise sélection naturelle – soulèvent le rejet, voire l'offuscation. Plutôt paradoxal dans un pays dont le système scolaire se fonde sur de grandes écoles dont l'accès est très sélectif tandis que l'on demande aux universités d'accepter tous les bacheliers ! Mieux, comme on le sait, les bacheliers s'inscrivent préférentiellement dans les filières sélectives, surtout ceux des familles plus modestes. La réforme des universités du 10 août 2007 ou loi LRU avance avec succès et plus vite qu'on ne l'espérait, motivée par une compétition internationale pour accueillir les meilleurs étudiants, dont les étrangers. Nul doute que cela bénéficiera aussi aux grandes écoles. De nouvelles associations se mettent en place avec les PRES (Pôle de recherche et d'enseignement supérieur). Pour autant, la concurrence ne signifie pas l'absence de règles, comme le soutiennent les chantres du marché idéalisé et se revendiquant d'un Darwin mal compris (ils sont *darwinistes*, mais pas *darwiniens*). Certains secteurs doivent être soutenus et on loue le succès du cinéma français, qui a ses règles concurrentielles.

Le livre existe depuis des millénaires et a toujours bénéficié des évolutions technologiques que les Cassandres dénonçaient comme ses pires ennemis. Le cinéma s'inspire de romans et fait vendre des romans tandis que, pour l'heure, les films tirés de jeux vidéo à grand succès ne sont pas prêts d'être sélectionnés au Festival de Cannes. D'autres formes de livres existent, comme ceux que j'ai pu diriger avec des auteurs du monde entier et que je n'ai jamais rencontrés ; des « livres Internet » ou, inversement, des livres ou « hyperlivres » qui renvoient à des sites Internet. À trop vouloir le protéger, comme actuellement avec la question de la numérisation et des droits d'auteurs évoquée dans le G8 de l'Internet fin mai 2011, on risque de retarder des adaptations inédites. De nouvelles coévolutions se mettent en place, auxquelles je suis sensible en tant qu'auteur, mais comment pourrais-je m'y opposer alors qu'au cours de la rédaction de ces pages je ne cesse de naviguer sur la Toile pour rechercher et préciser les informations dont j'ai besoin ? Évidemment, je tiens aussi à mes droits d'auteur, mais je n'ai pas envie de retourner au temps où il fallait me déplacer en bibliothèque, remplir des fiches, attendre parfois des autorisations pendant plusieurs jours, etc. Et on aura toujours besoin des bibliothèques, de plus en plus médiathèques, dont les services ne cessent de se diversifier. Ce n'est quand même pas mal, l'évolution !

Le néolithique signifie « le nouvel âge de la pierre taillée » ou « âge de la pierre polie ». C'est l'invention des agricultures, ce qui n'entraîne pas l'élimination des peuples chasseurs-collecteurs, mais oblige tout de même ces derniers à inventer de nouveaux moyens de survie, tout en entretenant des échanges avec leurs voisins plus sédentaires. Il y a à la fois plus de diversité socio-économique, et l'apparition d'un système économique plus complexe permettant aux uns et aux autres d'avoir accès à des besoins et des services hors du champ de leurs compétences techniques et de leurs savoir-faire. (*Évidemment, par-delà tout irénisme, cela passe aussi par des conflits, des extinctions, des vols de territoires, des épidémies*[1]...) Puis arrivent les âges des métaux. L'invention des haches en bronze ne sanctionne pas la disparition des outils de pierre polie. Tout au contraire, cela stimule la créativité des tailleurs qui façonnent des haches en pierre imitant celles en métal. L'émergence d'une innovation stimule les secteurs concurrents, sans forcément les détruire. Autre exemple peu connu, celui du développement de la traction automobile, il y a un siècle, qui a pour effet de pousser les éleveurs à sélectionner des races de chevaux de trait de plus en plus puissants ; comme quoi le « cheval-vapeur » possède aussi sa dynamique évolutionniste.



Le concept de « destruction créatrice » de Schumpeter ne signifie pas la disparition systématique de ce qui existait et s'accompagne toujours de « stimulations créatrices ». L'exemple le plus magnifique provient une fois de plus de l'histoire de la vie. Les bactéries apparaissent en premier et elles sont toujours là, pour le meilleur et pour le pire, comme la famille des *Escherichia coli* qui peuplent nos intestins, certaines amies, d'autres ennemies. L'émergence de formes de vies plus complexes a stimulé l'évolution et la biodiversité des bactéries qui colonisent de nouveaux terrains, en l'occurrence de nouveaux organismes, poussant ces derniers dans la course

1. Lire Picq, P., *Si Charles Darwin et Claude Lévi-Strauss repartaient faire un grand voyage*, à paraître chez Plon fin 2011.

de la Reine Rouge avec, par exemple, l'invention des sexualités. Sans les bactéries, la Reine Rouge et la concurrence, nous ne serions pas là.

La concurrence ne consiste pas à se débarrasser des autres, mais à co-évoluer. On vit toujours mieux avec son concurrent qu'en l'absence de concurrents. Cependant, les marchés ne sont pas des bienfaits ou des méfaits en soi, cela dépend de leurs modes d'actions ; il y a des parasites symbiotiques et d'autres délétères. Les logiques de la compétition par secteur, comme dans l'automobile ou la grande distribution, bénéficient aux consommateurs, mais cela se fait au détriment des fabricants d'accessoires ou des producteurs agricoles, ce qui n'est pas bon pour l'ensemble de l'écosystème. Il y a donc nécessité de faire respecter quelques règles de bon sens économique et écologique, ce qui renvoie à la responsabilité des politiques.



## Il faut rester dans les systèmes concurrentiels

Les grandes entreprises françaises qui réussissent à l'international sont issues de secteurs très concurrentiels, à la fois en France et en Europe. (*D'après un classement Fortune 500, sur les cinq cents plus grandes entreprises mondiales, trente-neuf sont françaises et trente-sept allemandes.*) Certes, elles assurent de plus en plus leurs bénéfices hors de France et d'Europe, tout en rappelant que si elles sont aussi bonnes, c'est parce qu'elles ont une histoire de forte concurrence sur le marché européen, très tendu et très structuré. Elles perdraient en compétitivité si elles ne poursuivaient pas leurs activités en France et en Europe ; c'est moins rentable localement, mais la condition nécessaire d'un succès global.

Une autre forme de protectionnisme consiste à préserver coûte que coûte des entreprises dans des secteurs en difficulté. On comprend évidemment les drames sociaux que cela entraîne. Mais pour vouloir préserver une situation qui n'est plus tenable et fort coûteuse, et au lieu d'aider les personnes à se former à de nouveaux métiers, cela finit par dégrader l'ensemble d'une région. Pour reprendre l'exemple du bâtiment, une attitude consiste à dire : « *Laissons passer la crise, réduisons les effectifs (chômage strict ou technique) et nous reprendrons avec le retour des jours meilleurs et comme avant.* » C'est une réponse quantitative de type *r*. Or, il n'y aura jamais plus de jours comme avant ! N'est-il pas plus pertinent d'inciter les entreprises et leurs employés à suivre des formations pour l'amélioration de l'habitat, par ailleurs largement subventionnées ? (*Réponse qualitative de type K.*) Dans l'automobile, c'est l'exemple actuel de GM, qui a reçu des aides à condition de changer de stratégie. Cela a été douloureux, mais GM repart très fort. Même ses concurrents comme Ford comprennent fort bien que GM et d'autres font vivre les équipementiers dont ils ont aussi besoin et qui, sans cela, auraient des difficultés à innover. Une fois de plus, c'est l'ensemble de la communauté écologique et/ou économique qui est impliquée. L'isolationnisme, le protectionnisme et les trusts qui se croient trop gros pour disparaître sont les pires ennemis du développement économique.

## Évolution et économie : pertinence ou impertinence ?

Dans la première partie de ce qui précède, on a évoqué ce qui touche aux mécanismes de l'évolution et à l'adaptation, ce que l'on appelle la microévolution, qui correspond à la microéconomie et aux entreprises. Par la suite, on a abordé un ensemble de règles de l'évolution fondées sur les connaissances empiriques de l'histoire des communautés écologiques. On est plus sur des questions de macroévolution et de macroéconomie. La question qui se pose à présent est de savoir si les théories de l'évolution proposent des analogies pertinentes et utiles pour mieux comprendre le monde de l'économie. Plus précisément, reste-t-on sur les bases de la métaphore ou d'un raisonnement analogique qui implique des similarités quant aux processus et leurs conséquences ?



Discuter de l'économie évolutionniste dépasse le cadre de cet essai[1]. Mais il n'est pas inutile de dénoncer trop d'approches dites « évolutionnistes » qui se contentent d'emprunter des métaphores incertaines avec les organismes, l'écologie, les écosystèmes, etc. Cet exercice se limite le plus souvent à aller rechercher dans une autre discipline des concepts dégagés de leur contexte théorique et qui valident *a priori* une hypothèse que l'on n'arrive pas à démontrer dans sa discipline. Pour s'en convaincre, je renvoie aux paragraphes sur l'adaptation. Dans ce type d'exercice aussi inutile que prétentieux, on



1. Lire Picq, P., Homo economicus *et l'évolution*, en préparation.

ne recherche ni la réfutation, ni la consilience, mais simplement à conforter une idée préétablie.

En épistémologie, la *consilience* exprime le fait que deux modes de pensée, et pour être plus précis, deux disciplines scientifiques connexes, mais indépendantes dans leurs sujets d'études et leurs méthodes, consolident un même modèle. Nous avons vu que les pensées évolutionnistes et économiques sortent du même creuset intellectuel des Lumières françaises et écossaises. Mais, comme pour deux lignées partageant un même ancêtre commun, il y a toujours divergence. Cependant, même s'il y a divergence dans leurs évolutions respectives, elles conservent des contraintes qui expliquent un fort taux de parallélisme et de convergence adaptative. Enfin, les mécanismes de l'évolution restent les mêmes. Ayant précisé cela, la consilience repose moins sur la notion de communauté d'origine que sur la convergence non recherchée des résultats de deux disciplines indépendantes ou devenues indépendantes.



Les paléoanthropologues sont constamment confrontés à l'interdisciplinarité, surtout depuis quelques décennies avec le développement de la génétique et l'apport de l'éthologie[1]. Prenons l'exemple de la controverse du tuf KBS dans les années 1970. Les tufs sont des couches sédimentaires formées par des dépôts de cendre volcanique. Ils contiennent des cristaux dont les élé-

1. Lire *Il était une fois la paléoanthropologie, op. cit.*

ments chimiques peuvent être datés par les méthodes de la radio-chronologie, ce qui permet de donner des âges en années aux différents niveaux des formations géologiques et de dater les fossiles. (*La méthode la plus connue du grand public est celle du carbone 14; pour les tufs, ce sont celles dites du potassium/argon et de leurs dérivés.*) Dans les années 1970, une équipe kenyane a mis au jour l'un des plus anciens fossiles du genre *Homo.* Les analyses radio-chronologiques donnent deux dates : un million sept cent mille et deux millions quatre cent mille ans. Évidemment, les paléoanthropologues préfèrent la date la plus ancienne, car ils désirent avoir les plus anciens représentants d'une lignée, en l'occurrence du genre humain. Seulement les paléontologues contestent ce choix, car les fossiles de cochons (suidés) voisins du fossile humain correspondent à une période plus récente, donc la date de un million sept cent mille ans. Avec un peu d'arrogance, les géochimistes, arguant de la fiabilité et de la modernité de leur méthode, raillent les paléontologues et leurs fossiles. C'est de bonne guerre, mais tant que l'on n'a pas atteint la consilience, cela signifie qu'il faut revoir sa copie dans les deux disciplines, et sans compromission. Au bout du compte, ce sont les cochons qui avaient raison. Dans cette histoire, il n'y a ni vainqueur ni vaincu, mais une avancée considérable dans chaque discipline, au grand bénéfice de la paléoanthropologie.

Les théories économiques comme les théories de l'évolution font l'objet de recherches très actives. Quand un évolutionniste s'intéresse aux théories économiques, il y a de fortes chances qu'il se saisisse d'un état des connaissances déjà dépassé et réciproquement. Cependant, on entend parler de plus en plus d'économie évolutionniste et, depuis quelque temps, de l'« entreprise darwinienne » depuis que j'interviens sur ces questions (lire la conclusion de cet ouvrage).

Dans cette première partie, j'ai présenté les principaux concepts des théories de l'évolution et j'ai recherché des analogies dans le monde économique. Dans cet exercice, bien plus qu'heuristique, il n'y a aucune tentative de rapporter les entreprises et l'économie aux théories de l'évolution, mais de montrer la similarité de nombreux mécanismes, plaidant pour de réelles analogies. Dans la partie qui suit, on aborde des problématiques culturelles qui entravent une bonne compréhension des théories de l'évolution et, partant, de l'évolution des entreprises en rapport avec l'innovation et la mondialisation.



## À retenir

Au printemps 2010, je suis intervenu devant une assemblée importante de directrices et directeurs des ressources humaines. Tous tenaient le même discours : la crise et gérer les talents. En ce temps-là, les conséquences des *subprimes* restaient vives et le volcan islandais au nom imprononçable perturbait encore le trafic aérien. Passablement agacé, j'ai repris le microphone et demandé : « *Quelle crise ?* »

Évidemment, par delà la provocation, mes interlocuteurs se sont demandé si j'étais au courant de l'évolution du monde depuis la disparition des derniers Néandertaliens. Alors, je leur ai expliqué qu'il y avait deux choses dans une crise : les changements objectifs qui affectent une situation que nous connaissions et à laquelle nous croyions être adaptés, et la perception de ces modifications. Or, les managers et les cadres dirigeants seniors, les gens de ma génération nés quelque part entre les « baby boomers » et les années Beatles, ont connu une période exceptionnelle, comme rarement dans l'histoire : un demi-siècle de paix, de croissance, de prolongement de l'espérance de vie, de réduction du temps de travail, d'augmentation du pouvoir d'achat, d'accès à tous les modes de transport et tout cela sans catastrophe naturelle ni épidémie majeure (le sida frappe les générations suivantes, celle confrontées au *no future*). Quel progrès, mais seulement pour les pays industrialisés, et avec l'impression que cela devrait continuer ainsi. Alors toute perturbation devient une crise, voire une catastrophe à cause de ces représentations du meilleur des mondes possibles. Puis pour conclure, je leur ai conseillé de ne pas gérer les talents, mais de les laisser faire ; en d'autres termes, de favoriser de la variation darwinienne.



Notre vision linéaire et progressiste du changement, renforcée par une conception centrée sur l'Occident de l'histoire et de la philosophie, ne nous a pas préparés à affronter les trois types de facteurs qui font que le monde évolue : les événements naturels, la course de la Reine Rouge à l'échelle du monde, et l'incidence grandissante des activités humaines à l'échelle globale. Depuis la fin du XXe siècle, nous sommes revenus dans un monde darwinien, après une longue période marquée par une évolution générale et dirigée, avec la création du Commissariat générale au Plan en 1946, puis l'abandon des plans quinquennaux, avant sa disparition pour devenir le Centre d'analyse stratégique en 2006. Comme nous le verrons dans la partie suivante, ce passage d'une conception « lamarckienne » à « darwinienne » dans notre culture est loin d'être achevé, notamment pour l'innovation.

En fait, on a toujours été dans un monde darwinien qu'il faut comprendre non pas comme un schème linéaire et constant de changements plus ou moins maîtrisés, mais comme une suite d'étapes contraintes par une longue histoire, avec des périodes peu sélectives – le déploiement des économies occidentales ou occidentalisées sur le monde depuis la Seconde Guerre mondiale – et l'occurrence de périodes sélectives, qu'on appelle « crises ». Or, toutes nos aptitudes à s'adapter dépendent de nos perceptions : soit des crises comme un accident d'un schéma idéalisé de progrès perturbé par la vilaine nature et les méchants pays émergents ; soit des crises pour repenser nos adaptations, éliminer les mauvaises pratiques – c'est cela, la sélection darwinienne – et susciter l'émergence de nouveaux jeux des possibles. J'opte pour Darwin.

L'évolution et ses mécanismes, notamment ceux de l'adaptation, nous apportent aussi quelques enseignements. L'évolution, ce n'est pas une rupture radicale avec le passé – on sait ce qu'il en est des « grands soirs » –, et encore moins des visions naïves d'un passé idéalisé des thèses dites postmodernistes, mais redéployer de l'algorithme darwinien en fonction des deux bases du triangle des adaptations, les structures et l'histoire. Quand je dis « *Je vous rassure, l'homme ne descend pas du singe, nous sommes des singes* », ce n'est pas nous ramener à la vision péjorative et bien ignorante du « singe » des philosophes et des théologiens, mais rappeler que nous sommes devenus l'espèce la plus innovante – pour le meilleur et pas encore le pire – à partir d'un ensemble de contraintes phylogénétiques partagées avec les espèces les plus proches de nous.

Or, que nous apprend l'évolution des singes ou simiens au sens large ? D'abord, un tissu d'interactions complexes avec les autres espèces, la coévolution riche d'interdépendances et de diversité. On évolue avec les autres ! D'autre part, que la course de la Reine Rouge a entraîné le groupe des grands singes hominoïdes dans une stratégie qualitative hyper K. Par delà toute analogie, il nous faut retenir l'universalité des mécanismes. En ayant délocalisé les productions de type *r*, nous avons engagé un cercle funeste. Actuellement, de nombreuses entreprises relocalisent, mais en faisant évoluer leurs compétences et leurs savoir-faire vers des stratégies K. C'est donc l'opportunité de recomposer le tissu écologique déchiré par trop de délocalisations ; pour que cela puisse se faire, il faudra que tous les acteurs acceptent d'abandonner des acquis pour en obtenir d'autres. Cela a été le pari gagnant et inconscient des singes pour la vitamine C, favorisant l'une des évolutions les plus florissantes et fructueuses de l'histoire de la vie, tout en précisant que, contrairement aux autres groupes de mammifères, nous, les primates et les singes représentons le seul ordre qui se distingue par une belle biodiversité depuis la fin des dinosaures ; il en va aussi ainsi des oiseaux et des plantes.

Pour occuper le sommet de la pyramide ou des systèmes écologiques, il faut une large base, transformer les structures, sans rupture radicale avec l'histoire. Tous les miracles économiques récents, comme ceux de l'Irlande ou de l'Islande, se sont construits sans tenir compte de la base du triangle des adaptations ni véritable écologie socio-économique. Comme chez les singes, c'est bien de manger les fruits, mais il faut aussi faire en sorte d'en disperser les noyaux et les graines.

L'évolution de la vie comme de nos sociétés ne s'apparente ni à un gradualisme (le changement dans la continuité), ni à une série de ruptures absolues (principe de création ou de révolution radicale). Elle ne suit ni une loi interne (finalisme), ni une quelconque loi récurrente (théories des cycles). Ce sont les mécanismes qui se répètent, mais avec des conséquences qui s'inscrivent dans une confrontation entre contraintes historiques et jeux des possibles. Dans les théories de l'évolution, cela s'appelle la théorie des équilibres-ponctués, ce qui signifie des périodes de changements graduels entrecoupées de périodes de changements plus rapides ; avec de longues phases de coévolution peu sélectives et d'autres agissant comme des goulots d'étranglement. Dans tout cela, il y a de l'adaptation, de l'optimisation et de la chance. Même si la notion de survie du plus apte n'a guère de sens – car cela dépend des circonstances du moment –, on a plus de chance de compter parmi les plus aptes à survivre si on comprend ce qu'est l'évolution et ses mécanismes.

À bon entrepreneur, salut !

# PARTIE II

# LA FRANCE ET LA CULTURE ENTREPRENEURIALE

L'évolution est une théorie constituée d'un corpus de diverses théories qui embrassent les sciences de la vie, de la Terre, de l'espace et de l'homme. Elle est tout sauf simple et n'a pas cessé d'évoluer depuis Lamarck et Darwin[1]. Seulement les incompréhensions et les contestations de la théorie de l'évolution ne viennent pas de sa complexité, mais d'autres modes d'interrogation du monde qui s'appuie sur des clichés erronés[2]. Qui peut nier que le monde connaît des catastrophes naturelles ? Qui peut nier que nous sommes tous différents ? Qui peut nier que nous ne sommes pas égaux devant les maladies ? Qui peut nier les espèces, les sociétés, les civilisations, les entreprises disparues ? Qui peut nier l'influence de plus en plus forte des activités humaines sur la biodiversité, l'épuisement des ressources naturelles non renouvelables



1. *Ibid.*
2. Lire *Lucy et l'obscurantisme*, *op. cit.*

et de celles qui n'arrivent plus à se renouveler ? Qui… en fait, ils sont légion et c'est le problème d'une espèce, la nôtre, pétrie de représentations venant des mythes, des religions, des philosophies, des récits oraux et écrits, et même des sciences[1]. Il n'est pas anodin de constater que les groupes de personnes qui contestent l'évolution de la vie et de l'homme sont celles qui nient l'influence de l'homme sur le réchauffement climatique et la dégradation de la biodiversité. Évidemment, cela vaut aussi pour l'économie.

Le monde change constamment, une évidence qui est loin d'être admise par tous, que ce soit pour les individus, les groupes, les entreprises, les gouvernements ou les instances internationales. La difficulté avec l'homme réside dans ses capacités à percevoir les changements, leurs causes et les réponses possibles. Cette perception dépend plus de ses représentations, de sa façon de concevoir le monde plutôt que de le voir tel qu'il est. On n'est toujours pas sorti de l'âge des cavernes (de Platon).



Notre histoire et notre culture retiennent trois rapports de l'Homme au monde. Il y a le *fixisme*, l'idée d'un monde créé ou apparu tel qu'il est. Il y a le *transformisme*, qui admet une évolution selon un dessein mais avec une relation hostile entre la nature et l'homme, et que ce dernier a fini par la dominer grâce à la connaissance et

1. Lire « Les dessous de l'hominisation » in *Les Mondes darwiniens*, *op. cit.* ; *Lucy et l'Obscurantisme*, *op. cit.*

aux techniques. Cette conception entre l'homme et la nature émerge au cœur de la Renaissance et est mise en œuvre avec les révolutions scientifique et industrielle; elle aboutit aux idées de progrès et de développement fondés sur la croissance. Aujourd'hui, une autre conception se construit: celle de l'homme acteur et responsable de la nature pour les générations futures – le développement durable. C'est l'*évolutionnisme*, abusivement appelé *darwinisme*. Mais pour mettre en œuvre cette évolution durable, il importe de savoir ce qu'est le changement, de connaître l'évolution dont nous sommes devenus l'un des acteurs majeurs. Car si l'Homme n'est rien dans la biodiversité actuelle, il joue un rôle considérable dans son devenir, auquel il est lié par quatre milliards d'années d'histoire, pour le meilleur et pour ce qui n'est pas encore le pire. L'idée ici n'est pas de dire que hors de l'évolution point de salut. Mais quels que soient nos modes de pensée, il y a eu évolution avant l'apparition des hommes sur cette Terre et cela continuera après leur disparition. On conviendra tous que nous ne sommes pas pressés et que pour préserver le meilleur avenir possible de notre lignée/espèce, il n'est pas inutile de connaître l'évolution et ses mécanismes, d'autant que, par-delà les controverses, l'homme influe comme jamais l'évolution en train de se faire.



Dans cette seconde partie, je vais décrire d'abord combien notre pays et notre culture sont d'essence lamarckienne, ce qui commence par notre enseignement et se retrouve dans notre écologie entrepreneuriale. Dans un deuxième temps, nous aborderons des questions de microévolution/microéconomie autour de la question des innovations ; pour terminer, nous mènerons une réflexion plus macro-évolutive ou macroéconomique sur les entreprises et le développement durable, avant de conclure sur ce qu'est l'entreprise darwinienne.

CHAPITRE 5

# UN PAYS TRÈS LAMARCKIEN

La France est le pays de Lamarck, pas de Darwin. La famille Darwin appartenait à la société des *Whigs* – nous dirions aujourd'hui des libéraux –, une bourgeoisie riche et cultivée qui a participé activement à l'édification de notre société moderne. Jean-Baptiste de Lamarck (1744-1829) a publié sa théorie du transformisme dans *Philosophie zoologique* en 1809. (*Petit clin d'œil de l'histoire, Charles Darwin naît cette année-là.*) L'idée de modification des espèces était dans l'air avec des auteurs tels que Pierre de Maupertuis, Denis Diderot, Georges Buffon et Erasmus Darwin. Mais la première théorie cohérente est celle de Lamarck qui, en dépit de la légende maudite et posthume qui colle à son nom, reste l'une des plus grandes figures influentes de la biologie, terme qu'il inventa en 1802.



Cette légende maudite – gravée sur le socle de la statue de Lamarck du Jardin des plantes à Paris – vient du fait qu'il sera malmené par l'immense Georges Cuvier et par le conservatisme confessionnel de l'Empire suivi du retour de la Restauration. La France, grâce aux encyclopédistes et aux physiocrates, était la nation la plus en avance sur le chemin de la modernité en train de se faire, que ce soit pour la culture entrepreneuriale ou pour les théories de l'évolution. Hélas, les conservatismes face au changement, qu'ils soient dans la société ou dans les sciences, brisèrent cet élan.

À cause de l'archaïsme de l'Université française, Napoléon Bonaparte créa les grandes écoles, instrument nécessaire à l'enseignement des sciences et des techniques, disciplines tant méprisées par la Sorbonne. (*Notre système éducatif souffre toujours de cette inertie, depuis la création du Collège de France en 1530 – la Renaissance – pour les mêmes raisons, jusqu'à la situation universitaire actuelle dont on espère sortir avec la loi LRU du 10 août 2007.*) Nous avons hérité donc depuis deux siècles d'une structure de l'enseignement supérieur tout à fait unique, avec des grandes écoles dont la vocation consiste à former des élites au service de l'État et des grandes entreprises. D'un point de vue darwinien, cela commence à poser quelques problèmes puisque, en raison des changements multipolaires du monde actuel, il devient nécessaire d'avoir une diversité d'élites.

En France, comme en Europe, nous avons encore des difficultés à comprendre la multipolarité d'un monde qui, s'il a adopté une grande partie de nos valeurs qui ont assuré notre domination dans le passé, ne suffisent plus. D'où le malaise d'une partie de nos élites encore éduquées selon cette seule vision du monde[1]. Quand nos élites seront-elles capables de comprendre qu'un système ou un modèle qui a eu un succès indéniable ne suffit plus face aux enjeux actuels ou d'avenir ? Ceci ne veut pas dire que ce système est obsolète en soi, mais qu'il doit évoluer. En fait, ce n'est pas un hasard s'il persiste en Europe une conception très lamarckienne de l'évolution, très marquée en France et en Allemagne, forgée à une époque où les pays européens dominaient le monde. Pour l'évolution, on retrouve cette bonne vieille échelle naturelle des espèces avec, à son sommet, un arrangement idoine qui situe les sociétés européennes – et l'homme occidental – au-dessus des autres peuples[2]. À cause de cette idéologie et de cette arrogance, nous n'avons pas vu arriver les dragons asiatiques, nous continuons à qualifier les BRIC de pays émergents alors que la Chine est devenue la deuxième puissance économique du monde – en rappelant qu'elle était la première il y a un siècle – et nous sommes déjà en train de nous tromper avec l'Afrique, car il n'est pas certain que les « révolutions arabes » du Maghreb et du Machrek – que nous n'avons pas vues venir – nous éclairent sur ce qui adviendra en Afrique subsaharienne.



1. Lire le dossier « L'Occident est-il fini ? », *Le Courrier international* hors-série, février 2011 et Grataloup, C., *Faut-il penser autrement l'histoire du monde ?* Armand Colin, 2011.
2. Lire Picq, P., *Nouvelle Histoire de l'homme*, Perrin, 2005.

## Une société verticalisée

Le génie de Lamarck est d'avoir compris la dialectique du changement qui se manifeste entre la capacité des espèces à s'adapter et les facteurs de l'environnement; le génie de Darwin est d'avoir élucidé les processus de transformation au moyen de la sélection naturelle qui fait intervenir le couple variation/sélection. Seulement, il existe des différences fondamentales entre les conceptions lamarckiennes et darwiniennes de l'évolution qui contraignent l'innovation et l'adaptation.

La conception lamarckienne admet des lignées évolutives plus ou moins indépendantes les unes des autres qui se développent en se perfectionnant, ce qui conduit à l'idée d'évolution verticale et par secteur. Elle se nourrit aussi de la conviction d'une croissance fondée sur une disponibilité sans limites des matières premières. Ces croyances sont tout aussi marquées dans l'idéologie conservatrice de droite que dans le productivisme de gauche. Cette conception a prévalu en Occident pendant plus de un siècle et reste encore très prégnante en France pour des raisons historiques et culturelles. C'est ainsi que fonctionnent les grandes administrations, les grandes entreprises et les programmes scolaires. Cela correspond aussi à nos grandes écoles et à leur culture d'ingénieur: l'évolution passe par une action entièrement dédiée au perfectionnement de filières déjà existantes, avec de grandes réussites comme Airbus, le nucléaire ou les télécommunications (transaptations et stratégie K). Il s'agit plus de « développement » que d'innovation au sens darwinien de ce terme.

Le développement des filières se conçoit par secteurs et verticalement, autrement dit avec une juxtaposition de lignées qui se retrouvent dans les grandes représentations syndicales patronales comme des syndicats d'employés. On en comprend les nécessités, mais cela crée des rivalités qui nuisent au développement des territoires et à la constitution de véritables communautés économiques et écologiques[1]. À cela répond une même organisation de l'enseignement : l'école par laquelle passe un individu – depuis la maternelle jusqu'aux plus prestigieuses des grandes écoles – détermine sa carrière dans les grandes entreprises, et, partant, dans la société. Les individus ne peuvent que monter les échelons jusqu'à ce que se manifeste leur incompétence (« principe de Peter »), ce qui donne droit à une dernière promotion dorée. En effet, cette conception verticale du monde n'admet pas l'erreur, ce qui nuirait aux fondements même du système. (*Les déboires d'Airbus en 2009 illustrent la dérive d'un tel système.*)



Ce système a dominé pendant plus de un siècle et a permis à la France de devenir un pays moderne après la Seconde Guerre mondiale, avec les célèbres et désormais mythiques Trente Glorieuses. En fait, l'excellence de notre système scolaire a répondu aux défis d'un mode de développement économique partagé par tous les pays industrialisés, même ceux situés de l'autre côté du rideau

1. Lire l'évaluation sur le développement des régions sur le site EurAtiv.fr.

de fer. (*Au passage, nos écoles fournissent de hauts fonctionnaires remarquables et remarqués dans toutes les grandes institutions internationales.*) S'il n'y a qu'une seule voix commune au développement et à la croissance, alors nous sommes bien armés pour la course de la Reine Rouge. Seulement les choses ont changé depuis les années 1970, avec le choc pétrolier, l'apparition des concepts d'innovation et les avertissements du club de Rome sur les limites d'un modèle fondé sur la seule croissance. Alors si l'on formule quelques critiques, c'est le flot d'anathèmes : chantres du déclin, pessimisme, antihumanisme, archaïsme, retour à l'âge de pierre, etc.



Il est toujours très difficile de repenser son action quand on a fait partie des meilleurs. Le problème est donc moins de comprendre qu'un type de développement est fondamentalement erroné – comme l'échec des économies planifiées, mais toujours défendues par des idéologues qui ne comprennent rien au matérialisme historique (un comble) et encore moins à l'évolution et qui disent : « *Oui, mais s'il n'y avait pas eu telle ou telle circonstance, notre système aurait fonctionné* » ; l'évolution, c'est justement s'adapter aux circonstances, qu'elles soient naturelles ou humaines –, que d'admettre qu'un système qui a si bien marché ne répond plus à un monde qu'il a lui-même contribué à modifier. Contrairement à l'adage stupide qui dit « On ne change pas une équipe qui gagne », cette équipe finit toujours par perdre, car, s'étant parée de la certitude objective de sa domination du moment, elle ne se prépare pas à défier les enjeux à venir. Reine Rouge oblige, les autres équipes apprennent de leurs défaites. La question n'est donc pas de se dire que nous avons été les meilleurs – avec cette faiblesse de nous réfugier dans notre glorieux passé –, mais de savoir si nous le serons demain. Comme nous le verrons, les difficultés actuelles proviennent du fait que notre système continue à privilégier le « développement lamarckien » et non pas les « innovations darwiniennes ». Mais pour cela, il faut aussi faire évoluer notre enseignement, dont nos élites sont le produit.

## La manie des escalators

Qu'y a-t-il de plus lamarckien que l'organisation des programmes scolaires par disciplines et des filières ? Pour ne prendre que le lycée, et sans prendre de classe particulière, les élèves peuvent apprendre la littérature française du XVIIe siècle, l'économie de l'Europe au XIXe, la géographie de l'Asie orientale, la philosophie des Lumières, etc. Chaque discipline et son inspection générale décident pour elle.



Il y a quelques années, j'ai participé à une journée organisée autour de cette question : « Laïcité et vérité dans l'enseignement ». Les intervenants étaient l'écrivain Régis Debray, le généticien Axel Kahn, le recteur de l'Académie de Versailles Alain Boissinot et moi-même. Je devais m'apercevoir que les différentes inspections générales présentes se réjouissaient d'une telle journée, leur offrant l'opportunité trop rare de se retrouver. Plus récemment, nous avons organisé un grand colloque sur l'enseignement de l'évolution avec nos collègues philosophes, événement encore trop rare. Pour collaborer depuis plusieurs années avec les responsables des programmes, je mesure les difficultés qui sont les leurs, car ils sont confrontés à une structure et une histoire, contraignant fortement leur possibilité de faire évoluer un système scolaire dont les fondements se sont constitués du temps de Lamarck avec Napoléon Ier et de Darwin avec Napoléon III. Alors que l'on devrait résolument s'engager dans une pédagogie par projets et convoquer les disciplines, on persiste à enfermer les élèves dans des aptitudes soit disant détectées très tôt et par disciplines[1] !



Les jeux de la politique illustrent parfaitement cette analogie de « l'escalator » qui caricature la théorie lamarckienne. Le gouvernement et ses ministères se rangent selon une hiérarchie subtile, mais parfaitement maîtrisée par les prétendants, entre les grands portefeuilles et les titres : ministre d'État, ministre, ministre délégué, secrétaire d'État, etc. Tout cela dessine un escalier – on parle de grade dans l'évolution – dont il faut monter les marches. On l'a vu récemment à propos de la perspective du remaniement ministériel « révolutionnaire » de 2010, selon le commentaire subtil de l'ancienne ministre de l'Économie Christine Lagarde. Ce qui importe, ce n'est pas la recherche d'un poste gouvernemental en adéquation avec ses compétences et ses expériences, mais

1. Picq, P., *Le Monde*, 18 janvier 2009.

d'obtenir un poste plus prestigieux. Le statut politique avant la compétence technique (*on comprend dès lors l'importance et le pouvoir des cabinets ministériels*). Rien à voir avec un vrai régime présidentiel comme aux États-Unis. Que l'on apprécie ou pas l'action du président français Nicolas Sarkozy – là n'est pas la question –, l'évolution des relations entre les conseillers de l'Élysée et les ministres – dont le premier d'entre eux – traduit ces tensions entre un système politique fondé sur la hiérarchisation des portefeuilles et des titres et, de l'autre, la nomination de personnalités considérées comme techniquement plus compétentes (*mais pas toujours responsables devant les électeurs ; ce qui ne veut pas dire que des ministres n'ont pas de compétences techniques et que des ministres sans mandat électoral n'ont pas de compétences politiques*). Une fois de plus, il ne s'agit pas de dire qu'un système est bon ou mauvais en soi, mais en quoi il répond aux enjeux de notre temps. Il est en train d'évoluer dans un monde qui change à l'échelle globale ; rien de plus normal.



## Les marches de la réussite

On touche ici à de profonds archaïsmes de notre culture, dont l'enseignement est le reflet. La France reste un des derniers pays à croire au génie précoce avec pour conséquence les orientations très tôt et des taux de redoublement effarants. Toujours cette vieille idée qu'il n'y a qu'une seule structure forcément idéale à laquelle l'élève doit se conformer le plus tôt possible ; gravir le plus tôt possible l'escalier unique de la réussite. Si l'élève ne répond pas aux critères, ce n'est pas le système qui est en cause, mais sa capacité à se caler sur une échelle préétablie des réussites ; s'il est en avance, c'est un génie ; s'il est en retard, il redouble ou est évacué dans des filières moins nobles, voire méprisées. C'est exactement le schéma d'une évolution très prisée dans les médias et chez nos intellectuels et appelé « hominisation » : il n'y a qu'une vraie phylogénie, celle qui aboutit à l'*Homo sapiens* (blanc) ; toutes les autres et innombrables lignées n'étant que des tentatives inachevées. Un tel mythe – car c'est bien un mythe doublé d'idéologie – justifie toutes les exclusions[1] et aboutit à la sclérose des élites, le découragement des autres, sans évoquer la question de l'adaptabilité tout au long de la vie. C'est tout simplement un déni de ce que l'évolution nous a légué en tant qu'espèce hyper-K !



Les soi-disant tests d'aptitudes forgés par les psychologues assurent leur fonction de tri dans la vision la plus caricaturale – et fausse – de la sélection darwinienne. Les tests du genre QI et assimilés mesurent l'intelligence verbale et logico-mathématique en référence à un modèle culturel dominant et négligent les tests qui évaluent la créativité et d'autres formes d'intelligence. (*Les psychologues avaient pronostiqué, en fin de troisième, que j'étais incapable de m'orienter vers un enseignement scientifique ; on m'a alors envoyé en filière technique. C'est plus mon milieu socioculturel que mes aptitudes qui a été évalué. Le déterminisme social reste l'un des archaïsmes les*

1. Lire *Nouvelle Histoire de l'homme, op. cit.*

*plus scandaleux de notre société, qu'il s'agisse de l'élitisme de droite ou de gauche. Où est passé Pierre Bourdieu ?*) Sans aucune démagogie, l'avenir de notre pays réside autant dans nos banlieue qu'à « Normale Sup' », chez des jeunes capables de faire évoluer notre modèle plutôt que ceux sélectionnés pour perpétuer un modèle qui ne cesse d'accumuler les échecs pour le plus grand nombre. N'est-il pas consternant que l'on évoque la formation en alternance – très appréciée des jeunes – comme « l'école de la seconde chance » ? Ce sont eux qui créeront les entreprises de demain et embaucheront ceux de « la première chance ». On retrouve les mêmes archaïsmes en sport. Si un enfant est bien classé au tennis à l'âge de six ans, on prédit qu'il gagnera Roland-Garros quinze ans plus tard ! Nous avons une telle culture de la norme et du formalisme que nos chercheurs ont fermement établi qu'aucun homme de plus de cent quatre-vingt-dix centimètres ne pouvait courir le cent mètres en moins de neuf secondes trente. Évidemment, l'athlète jamaïquain Usain Bolt est pour eux une erreur de la nature. De même, impossible d'être basketteur si l'on a une petite stature ; l'Américain Tyrone Bogues n'en avait cure et on lui a donné sa chance du haut de ses cent soixante centimètres. On arguera : « *Ce sont des exceptions !* » Pourtant les champions ne sont-ils pas justement exceptionnels ? On imagine sans peine les dégâts causés par des modes de sélection fondés sur de telles considérations on ne peut plus non darwiniennes[1]. (*La récente polémique sur la sélection des joueurs de football*





1. Lire *Regards sur le sport*, *op. cit.*

*vient directement de ce genre de considération stupide ; le grand Dominique Rocheteau a été d'abord écarté sur un simple critère de taille corporelle et l'Argentin Lionel Messi – le meilleur joueur du monde actuellement – n'aurait jamais eu sa chance en France.*) Chez nous en effet, la différence par rapport à la normalité est une anomalie ; chez Darwin, c'est une opportunité.

## Lamarck ou Darwin ? *That is the question*

En distinguant Lamarck et Darwin, en utilisant les adjectifs « lamarckien » et « darwinien », je me réfère à des modèles de l'évolution et du changement. Le grand Jean-Baptiste de Lamarck n'est pas en cause en tant que tel. Il n'était pas idéologue et tellement dans sa science qu'il ne s'est pas aperçu que sa théorie du changement dans la nature ne pouvait que déplaire à un empereur qui n'avait pas besoin de cela. Il en sera de même avec les détournements de la pensée de Darwin, qui a plus conscience de ces problèmes pour avoir vu, justement, tous les biologistes lamarckiens se faire démolir par le conservatisme de l'*establishment* anglais. Lamarck fut un révolutionnaire en son temps, au sens moderne de ce terme, tandis que l'immense anatomiste français Georges Cuvier évoquait un système du monde révolutionnaire, au sens conservateur puisque cela signifie aussi revenir au même point. (*La ministre de l'Économie depuis 2007, Christine Lagarde, a fort habillement joué sur les deux acceptions de ce terme dans un commentaire subtil après le dernier remaniement ministériel.*) Sans tomber dans le piège de la recherche de lois naturelles pour mieux comprendre nos sociétés, je me sers de Lamarck et de Darwin en tant que systèmes de pensée très heuristiques sur les capacités à changer ou non de nos sociétés. Les fondements épistémologiques de cette analyse sont les mêmes que ceux évoqués entre les théories de l'évolution et de l'économie dans la première partie. Pour synthétiser les paragraphes précédents et ceux qui suivent, je propose le tableau suivant :

| ***Culture lamarckienne*** | ***Culture darwinienne*** |
|---|---|
| Europe continentale | États-Unis |
| Hiérarchie des écoles | Diversité des excellences |
| *« J'ai fait Polytechnique »* | *« J'ai créé une entreprise »* |
| Uniformité des élites | Diversité des élites |
| Grandes entreprises | *Small business act* |
| Culture d'ingénieur | Culture de chercheur |
| Agrégés | Docteurs (PhD) |
| Culture de la conformité | Culture essai/erreur |
| Innovation dirigée | Algorithme darwinien |
| Sélection sur le QI | Sélection sur la créativité |
| R&D d'application | R&D d'émergence |
| Colbertisme | Liberté des territoires |
| Carrière | Entrepreneuriat |
| CAC 40 | Top 25 |

## Pour une culture de l'essai/erreur

Il y a quelques années, j'ai organisé et animé une journée de débats devant d'anciens élèves de Stanford. Premier constat : des femmes et des hommes issus d'une très grande diversité sociale, culturelle, éthique et nationale. Multiplié par toutes les grandes universités américaines, cela donne une large palette de variations parmi les élites. Du coup, à la question posée « la mondialisation : menace ou opportunité ? », la réponse immédiate a été « opportunités » alors que ce n'était que menaces et complaintes dans notre pays au moment de la dernière campagne pour les élections présidentielles de 2007. (*On retrouve la théorie du bouc émissaire chère au philosophe français René Girard.*)



Au cours des échanges, un créateur et chef d'entreprise français, qui avait commencé en France et a développé son entreprise avec un beau succès à l'international dans le domaine des logiciels, m'a glissé à l'oreille que les Américains se défiaient un peu de lui. J'avais cru comprendre se méfier, et non pas se défier, en raison de son succès. Il me répondit qu'il avait une réussite à la française, un magnifique parcours sans faute. Or, pour les Américains, c'est suspect ! Un entrepreneur prend des risques et il est normal qu'il puisse connaître des échecs ; mais il aura essayé et appris de ses expériences.

## Une sélection par la culture très darwiniste

Notre système scolaire est fondé sur une sélection par l'échec : il juge la capacité à restituer des acquis culturels, tandis qu'aux États-Unis par exemple, les élèves et les étudiants sont évalués sur leur capacité à s'adapter et à innover. Notre système scolaire nous formate pour faire carrière dans de grandes structures publiques ou privées, et ne considère pas que ces structures puissent changer. Jusqu'aux années 1970, ce système était adapté à un développement économique qui allait de soi. Le plan de carrière, c'était de grimper le plus haut possible dans une structure, sans aucun esprit d'entrepreneuriat, sans la moindre prise de risque. Franchement, je n'arrive pas à concevoir qu'un jeune diplômé recherche un emploi dans lequel il envisage déjà son plan de retraite. Serions-nous déjà vieux avant d'être jeunes ?



Aujourd'hui, les carrières ne sont plus si tranquilles et nous sommes mal préparés à nous adapter à de nouvelles exigences, et surtout à ce que l'évolution nous a donné : la capacité de s'adapter tout au long de la vie (nous sommes des espèces hyper-K). D'où les difficultés d'employabilité des jeunes et des seniors, sans oublier les femmes et ceux issus de ce que l'on appelle la diversité ; c'est bien un problème à la fois culturel et structurel. La France est le seul pays où l'on croit encore qu'à vingt ans, selon que l'on a tel diplôme ou pas, les jeux sont faits et l'avenir est tracé. Moi-même, qui suis passé de la physique à la paléoanthropologie, qui ai accompli une partie de ma carrière aux États-Unis, on me regarde encore comme un ovni (ce qui se traduit par une carrière bloquée depuis des années) ! Il existe en France une croyance profonde – car c'en est une – qu'il faut se conformer à un schéma de progrès, le nôtre, considéré comme universel. Au lieu de changer le modèle, on en exclut celles et ceux qui ne s'y conforment pas.

Nos étudiants sont très bien formés d'un point de vue technique – finances, ingénieurs, comptabilité, etc. – pour rendre les métiers plus performants ; d'où notre excellente productivité. Seulement, l'économie actuelle passe de celle de « produits » à celle de « concepts ». On a besoin de créativité et d'innovation, ce qui requiert des personnes avec d'autres compétences – chercheurs universitaires, artistes, designers, littéraires, etc. –, et riches d'autres expériences. Par exemple, apprendre à quitter une entreprise pour y revenir. Regardez Steve Jobs : après avoir été évincé d'Apple, il y est revenu douze ans plus tard et a été à l'origine du succès de l'iPod, qui a relancé l'entreprise. C'est un parcours inconcevable en France. Pourtant, c'est bien en « allant voir ailleurs » que l'on s'enrichit de nouvelles expériences et que l'on peut revenir avec de nouvelles idées. On touche là à deux aspects anthropologiques, qui sont peut-être les plus bloquants en France : le présentéisme – il faut être présent, visible dans l'entreprise pour y évoluer ; c'est l'épouillage chez les singes ou l'étiquette à la cour de Louis XIV – et l'homogamie – on est si anxieux de se conformer à la structure que l'on tend à recruter des gens de même formation ; c'est « incestueux », ce que ne font pas les singes. Il faudrait au contraire entretenir la diversité au sein des systèmes – j'insiste sur le pluriel – et favoriser l'arrivée de personnes qui n'ont pas la même vision du monde. Le facteur d'angoisse ne vient pas du fait que le monde change – il a toujours changé –, mais du fait que nous conservons un seul modèle de référence. Il va falloir enseigner davantage l'adaptabilité. À quoi aspirent les diplômés des meilleures universités en France ? À trouver le plus haut poste dans une entreprise qu'ils n'ont pas créée. Il suffit de se référer aux enquêtes qui déterminent les classements des grandes entreprises prisées par les jeunes diplômés. Et aux États-Unis ? Ils aspirent à créer leur propre entreprise. Toute la différence tient à la sécurité et la carrière ou à une culture d'essai/erreur. Mais la société est-elle prête à accompagner celles et ceux qui prennent des risques ? En fait, le plus incroyable est que l'on appelle cela des « risques » !



## Conformité ou créativité ?

Pour avoir enseigné à l'université de recherche privée américaine Duke pendant plusieurs années, je mesure toute la différence avec notre système éducatif[1]. En France, c'est la sélection par l'échec, alors qu'aux États-Unis, on incite développer ses capacités. Et c'est là que notre système scolaire se retourne contre lui-même, à l'encontre même de ce qu'était l'école républicaine dont j'ai bénéficié, puisque l'on sélectionne les élèves et les



1. Lire *Il était une fois la paléoanthropologie*, *op. cit.*

étudiants sur des connaissances que ne leur apporte plus le cadre scolaire ; c'est donc une discrimination socioculturelle. Les jeunes des banlieues n'ont aucune chance !

Le système éducatif américain se moque des origines des étudiants, quelles qu'elles soient : nationales, ethniques ou sociales. L'enseignement insiste sur les compétences et l'adaptabilité, sans les obliger à se conformer à un même moule socioculturel. (*La querelle en France autour du roman de Madame de La Fayette,* La Princesse de Clèves, *est révélatrice du rôle de sélection et d'exclusion d'un certain usage de la culture, alors que la culture devrait être une invitation pour les autres.*) Chez nous, le dernier de la classe du lycée Henri-IV sera toujours mieux considéré que la première de la classe d'un lycée de Seine-Saint-Denis. Il y a l'expérience de Sciences Po, mais on constate combien la conférence des grandes écoles rechigne. On a brûlé Pierre Bourdieu et notre société finira par payer très cher sa « normalisation sociétale » des élites. (*Dans un article des* Échos *du 9 mars 2011, on lit que le bachotage forcené des jeunes Chinois des écoles de Shanghai, pourtant classées parmi les meilleures du monde, produit d'excellents élèves, mais stressés, conformistes et peu aptes à être créatifs. Le moins que l'on puisse dire, c'est que la Chine nous rattrape vite et qu'elle rencontre les mêmes difficultés. On peut s'en réjouir, mais on a intérêt à adapter notre enseignement avant eux !*)

## Le défaut de culture entrepreneuriale

Cela a une profonde incidence sur la culture entrepreneuriale, plus précisément sa faiblesse. Je me permets d'évoquer une situation significative. Pour le premier salon « Créer » organisé à Lille en 2008, mes amis de l'APM m'avaient demandé de faire l'anthropologue et de circuler dans les ateliers, étant entendu que je devais faire une restitution de mes observations au cours de la table ronde de clôture avec les autres personnalités invitées. J'avais apprécié les initiatives portées par des enseignants et des chefs d'entreprises auprès des classes de collèges et de lycées professionnels. Ayant salué ces fondements d'une initiation au monde de l'entreprise, je continue en exprimant, non pas une critique, si ce n'est constructive, mais un regret : le fait que cela ne se fasse pas dans les filières classiques, celles de nos futures élites ! Un des organisateurs n'apprécia pas et la discussion fut assez tendue. Ce qu'il n'avait pas compris est pourtant simple : si nos élites formées à faire de grandes carrières dans de grandes structures – administrations, banques, grandes entreprises, politiques – ne reçoivent aucune sensibilisation à ce qu'est le monde entrepreneurial, comment peuvent-elles être à l'écoute des entreprises ? À la fin de la table ronde, plusieurs personnes sont venues me voir et toutes avaient pour fonction de développer la culture entrepreneuriale dans les systèmes éducatifs respectifs de leurs pays ou région : Italie, Allemagne, Irlande et Québec (liste certainement non exhaustive, mais concernant les personnes présentes). C'était bien la première fois qu'ils entendaient un universitaire français évoquer cette question, qui plus est un paléoanthropologue.

Par mon métier, j'aime les fossiles, mais j'enrage que notre société se fossilise à cause d'un système éducatif qui refuse de voir le monde qui change, jusqu'à nier tous les classements internationaux sur l'efficacité de nos écoles comme de nos universités. Et pourtant, nous disposons de formidables capacités; c'est une question d'évolution et surtout de courage politique. Mais quelle politique? Sachant que le gène est de droite et l'environnement de gauche, on n'est pas prêt de s'en sortir. L'idéologie de droite croit au génie individuel et élitiste, pour le meilleur quand on s'efforce de soutenir les jeunes des quartiers difficiles qui manifestent des aptitudes, mais aussi le pire avec les risques d'eugénisme comme, par exemple, détecter les délinquants potentiels dans les maternelles de banlieue, mais pas celles du centre de Paris. L'idéologie de gauche repose sur le déterminisme de milieu, ce qui donne pour le meilleur une vraie politique pour l'amélioration des quartiers, mais pour le pire une sélection qui favorise les jeunes issus d'un milieu socioculturel favorisé, d'où la passion pour le classement des lycées et pour les artistes déjà porteurs d'un nom. Pour les uns, « bon sang ne saurait mentir », pour les autres « bon milieu ne saurait déroger ». Depuis trente ans, les alternances politiques n'ont produit qu'une chose : le blocage de l'ascenseur social dont a bénéficié ma génération.



Ce défaut de culture entrepreneuriale ressort lorsque les responsables politiques fustigent, avec raison, les « patrons voyous ». Or, que nous livrent les médias ? Les scandales des parachutes dorés et des bonus irréels versés même quand les entreprises sont menacées, les aides gâchées et les engagements non respectés en échange des aides publiques consenties. Mais ce n'est là qu'une minorité – trop visible – très peu représentative de la diversité des patrons qui, en moyenne, gagnent autant qu'un professeur d'université, soit autour de 4 000 euros mensuels. (*Je précise que les professeurs d'universités ont souvent des responsabilités administratives considérables et qu'ils ne sont pas plus rémunérés pour cela; sans parler des présidents d'université et de grands organismes de recherche.*) Il serait grand temps que les prises de risque et de responsabilité soient évaluées à l'aune des services rendus aux entreprises et à la société. C'est ça, une culture entrepreneuriale.

## Une écologie entrepreneuriale particulière



La grande tradition de l'école républicaine et de l'excellence forme ses meilleurs élèves à faire carrière dans de grandes structures de l'administration et de grandes entreprises; nous l'avons déjà dit, mais ce sont ses conséquences qui sont rarement évoquées. La France se distingue par un paysage entrepreneurial très particulier. Son écologie des entreprises est composée de nombre de gazelles – artisanat, micro et petites entreprises –, pas mal d'antilopes – les PMI – et de très beaux éléphants – les très grandes entreprises d'envergure internationale –, mais très peu de buffles[1]. Se lancer dans la création d'entreprises inté-

1. Lire l'étude de l'économiste français Patrick Artus, *Le « mystère du CAC 40 », est-il durable?* cif.natixis.com, 1er mars 2011.

resse peu les meilleurs éléments de nos meilleures écoles, celles-ci ne se préoccupant de cette question que depuis peu de temps (HEC, ESSEC, ESCP, ESSCA, etc.). Alors que les administrations – sauf territoriales – ne renouvellent pas tous les départs à la retraite et que les grands groupes perdent des emplois, d'où viendront les emplois de demain ? La France, contrairement à d'autres pays européens et d'outre-Atlantique, se distingue par l'absence d'enseignement de la culture entrepreneuriale dans le secondaire. Pire, notre école persiste à voir le monde de l'entreprise comme l'antichambre de l'enfer sociétal.

Ces particularités donnent un paysage du monde des entreprises assez étonnant. Les grandes entreprises françaises et multinationales marchent bien, puisqu'une quarantaine figure parmi les cinq cents plus grandes entreprises mondiales, devant l'Allemagne. Mais contrairement à ce pays, nous manquons dramatiquement d'entreprises moyennes ou intermédiaires capables d'exporter, tandis qu'il existe un très grand nombre de TPE et de PMI/PME. Donc, comme nous l'avons vu plus haut, nous avons plein de gazelles, d'antilopes et d'éléphants, mais peu de buffles. Par conséquent, notre système se mord la queue : il n'y a pas assez d'entreprises intermédiaires pour intéresser nos élites ; ces dernières ne se lancent pas dans la création et le développement d'entreprises, donc il n'y a pas d'entreprises de taille moyenne. Un cercle funeste.

Si l'on regarde les entreprises du CAC 40, presque toutes existent depuis plus de un demi-siècle. Si l'on s'intéresse aux vingt-cinq plus grandes entreprises en Europe et aux États-Unis (Top 25), il n'y a que Bertelsmann qui ait été créée il y a moins de quarante ans sur le Vieux Continent et déjà plus de un tiers aux États-Unis. D'un côté une seule entreprise dans un secteur classique, de l'autre des réussites fulgurantes, et parfois très récentes, dans les biotechnologies, les NTIC et le numérique. Pourquoi ?

C'est un problème culturel. Si tous les décideurs des grandes entreprises, des cabinets ministériels, des grandes administrations et des banques sortent du même moule, ils ne risquent pas de favoriser l'émergence de nouvelles filières[1]. Combien de fois entendons-nous cette antienne lancinante : c'est un Français qui a eu l'idée, mais il n'a pu la développer qu'aux États-Unis (Roland Moreno et la puce, eBay, etc.). L'histoire du micro-ordinateur nous rappelle que c'est un Français, André Truong Trong Thi, qui a conçu le Micral au début des années 1970 ; mais on connaît la suite. Donc, le problème n'est pas que les Français ne sont pas capables d'innover, mais que l'environnement administratif, bancaire et politique rechigne à prendre un minimum de risques (ou de capital-risque pour les grandes entreprises) par rapport à un projet émergent. En revanche, une fois que c'est parti, une fois que l'on voit la filière se concrétiser, on y va.



1. Lire Picq, P., L'entreprise impertinente est celle capable d'évoluer, Cercle des Entrepreneurs du Futur/La Documentation Française, 2010.

Passons sur le Minitel et Internet (inventés par des physiciens, dont des Français). Le GPS aurait pu connaître ses premiers développements en France, mais il n'y avait pas de marché. Il a pris l'expansion que l'on sait aux États-Unis et, une fois l'importance de ce marché appréciée, l'Union européenne a lancé le projet Galileo. Quant au projet de Google de numériser les livres, comme on n'en a pas eu l'idée, on s'y est opposés, avant de lancer un petit contre-projet national, puis c'est devenu Quaero, soutenu par l'Europe. On est entré dans une filière avec une stratégie K, tandis que ses acteurs en étaient déjà aux applications et à toutes les innovations qu'elles suscitent.

L'évaluation récente du programme européen Galileo pour la localisation par satellite souligne de graves difficultés. L'une des raisons invoquées est que ce projet a été confié à de grandes entreprises, avec des protocoles lourds de R&D, et non pas à des entreprises plus petites et plus aptes à innover et à fixer l'innovation (lire la partie suivante). On retrouve ici le même problème : la confiance accordée aux seules grandes entreprises des grandes filières et l'incapacité de comprendre que les entreprises plus petites sont plus innovantes. Pourquoi ? Comme les meilleurs ingénieurs sont dans les grandes entreprises – celles qui ont fait leurs preuves –, on ne voit pas comment de petites entreprises avec des ingénieurs considérés comme moins brillants, qui plus est collaborant avec des chercheurs formés à l'université, pourraient être plus créatifs et efficaces. Alors pourquoi réussissent-ils si bien dans les autres pays ?

Le bassin de Grenoble est connu pour son innovation dans les nouvelles technologies et son dynamisme entrepreneurial. Récemment, une personne exerçant des responsabilités dans le monde entrepreneurial de cette région m'a fait la remarque suivante. Quand une entreprise se crée grâce à une innovation, et si cela marche, elle est approchée par de grandes entreprises. Si ces dernières sont américaines, elles peuvent continuer à se développer ; si elles sont françaises, elles sont étouffées. Le mieux serait qu'elles croissent par elles-mêmes, mais arrivées à une certaine taille, la législation et les contraintes fiscales et administratives deviennent telles que le patron a plus intérêt à vendre. C'est là une autre raison qui nuit à l'apparition d'entreprises de tailles intermédiaires.



## Malthus et le marché

Il faut dénoncer ici un tropisme français en rapport avec une conception erronée à la fois du marché et de l'évolution. On traîne un profond archaïsme théologique et surtout philosophique qui, une fois de plus, reprend l'idée aristotélicienne d'un monde contenant un nombre fini de formes. Dans le monde du travail, cela se traduit par la vision malthusienne de la quantité de travail qu'il faut répartir – du coup, on ne comprend pas que le sous-emploi des seniors soit mécaniquement lié à celui des jeunes alors que dans tous les autres pays, les études montrent que plus les uns ont du travail, plus les autres en ont –, et c'est l'idée antiévolutionniste de l'équilibre des marchés qui fait croire que si une entreprise se développe dans un secteur, les autres du même secteur vont voir leurs parts de marché se réduire. Telle est l'opposition fondamentale entre une vision statique et une vision évolutionniste du monde (lire p. 103 le passage à propos de Joseph Schumpeter). Même si je ne partage pas les conceptions évolutionnistes du philosophe français Henri Bergson, je recommande de revisiter le concept d'« évolution créatrice ». Je rappelle qu'il y a la même quantité de matière vivante sur la Terre depuis quatre milliards d'années et que si les premières bactéries s'étaient partagé les ressources disponibles, il n'y aurait pas eu le fabuleux arbre du vivant que nous connaissons ; et je ne serais pas en train d'évoquer cette évolution.



Ce problème de fond, car culturel, n'est pas que français. Il concerne l'Europe occidentale – hormis l'Angleterre et sa situation assez particulière –, mais s'avère plus exacerbé dans notre pays. Il s'éclaire quand on compare avec les États-Unis et leur « *small business act* » de 1953. Au sortir de la Seconde Guerre mondiale, l'économie américaine est exsangue, avec un taux de chômage considérable. (*Dans des circonstances historiques similaires, l'Angleterre sort à genou des guerres napoléoniennes et, pour relancer son économie, s'engage dans la Révolution industrielle ; comme quoi, les crises suscitent les changements de paradigmes économiques.*) Le gouvernement américain a fait alors voter une loi qui obligeait les administrations fédérales et d'État à acheter au moins un quart de leurs produits et de leurs services auprès de PME/PMI, ayant bien compris que les innovations et les emplois viendraient de là. Et en Europe ? La mise en place d'un small business act n'a pas cessé d'être entravée par le lobbying des grandes entreprises et, après quelques avancées depuis 2008, fait l'objet d'une évaluation. On n'est pas prêt d'avoir en Europe des Microsoft, Apple et autre Google inventés par des jeunes aussi créatifs que peu conformistes.

Le Vieux Continent mérite bien son nom. Il est désolant que tant de biologistes talentueux restent aux États-Unis pour développer leurs recherches, que tant de nos ingénieurs se retrouvent en Allemagne et que nos superbes mathématiciens s'épanouissent dans la finance londonienne. Notre système scolaire donne des jeunes diplômés remarquables et remarqués, et qui n'arrivent pas à trouver leur place dans nos institutions et nos universités, trop figées dans leurs structures. *Alors qu'ils créent leur entreprise !* Mais on a vu ce qu'il en est. Le géologue et ancien ministre français Claude Allègre a fait voter des textes qui facilitent le passage de la recherche universitaire à la création d'entreprises ; mais ce n'est pas culturellement accepté par les pairs. Cela se retrouve dans la façon de représenter l'évolution de la vie et de l'Homme, fortement ancrée dans les représentations collectives en France (Lamarck) et en Allemagne (le biologiste Ernst Haeckel). Depuis des décennies, et malgré les efforts et les livres du paléontologue américain Stephen Jay Gould et de moi-même, on n'arrive pas à démonter la vision linéaire et hiérarchique qui mène une seule lignée et une ultime espèce indépassable, la nôtre.

Tant que ces conceptions du changement dans la nature domineront, distillant une seule possibilité d'évolution dont nous serions le sommet, l'érigeant en loi naturelle qui s'applique à nos sociétés, nous serons handicapés pour suivre un monde qui, de toutes les façons, évolue. C'est ce genre de conception du monde qui nous rend inquiets et pessimistes. Nous avons tellement d'acquis que nous craignons de les perdre, ce qui ressort dans les sondages internationaux qui décrivent les craintes des Français en l'avenir alors que les Irakiens se montrent plus confiants. Soyons plus optimistes et entrepreneuriaux dans l'évolution en train de se faire.



## À retenir

L'Europe continentale se distingue par une culture entrepreneuriale très lamarckienne, favorisant et soutenant les grandes filières, avec une organisation par secteurs juxtaposés pour les entreprises, les écoles, les syndicats, les administrations, les banques, etc. Elle excelle dans l'innovation active de type ingénieur, dans des domaines très « techniques » et avec une vraie réussite sur les marchés structurés. Cette organisation se fonde sur un ancrage culturel profond qui transparaît dans toutes les disciplines enseignées : philosophie, littérature, histoire-géographie et même en sciences, avec la persistance d'une vision linéaire, hiérarchique, progressiste et finalisée de l'évolution des espèces. La France est la plus paradigmatique, ce que n'arrange en rien ses prétentions universalistes la rendant peu sensible aux autres expériences. Les gouvernements français, très impliqués dans la construction de l'Europe, la considèrent trop souvent comme une extension d'un modèle français auquel le monde doit se conformer, renforcée en cela par la grande qualité de ses hauts fonctionnaires internationaux. De toute évidence, notre culture n'est pas à l'aise avec tous les aspects des « diversités ». Cette attitude s'est parfaitement illustrée lors du G8 de l'Internet à Deauville à la fin du mois de mai 2011 ; alors que les entrepreneurs demandent plus de souplesse et d'aides pour créer, et moins de sanctions en cas d'échec, nous répondons par des propositions de régulation.

Seulement, ces « lignées lamarckiennes » sont aussi de gros arbres qui étouffent une forêt buissonnante plus darwinienne. Le jardin à la française a des perspectives trop nettes pour faciliter le fouillis des innovations émergentes ; en un mot darwiniennes. Nous sommes tout aussi capables de faire de l'innovation darwinienne, seulement l'environnement administratif, bancaire et politique dirigé par des personnes sorties des mêmes écoles et éduquées selon la même vision du monde n'est pas propice à leur captation et à leur développement ; ce qui requiert aussi une culture de l'essai/erreur et l'abandon d'une culture de la sanction (lire le chapitre suivant). Selon l'algorithme darwinien du couple variation/sélection, notre système éducatif et notre culture stimulent peu les variations tandis que l'environnement rechigne à sélectionner et à prendre des risques. Cela se traduit par l'absence d'un « *small business act* » à la française, les obstacles à sa mise en place et la conviction que seules les grandes entreprises peuvent innover.

Évidemment, nos grandes entreprises internationales remportent de grands succès, ce qui n'explique pas le déficit chronique de notre balance commerciale. Alors, dans les commentaires, on évoque la facture énergétique. On se demande comment font les Allemands. Bien que leur culture ressemble beaucoup à la nôtre, il existe un enseignement de la culture entrepreneuriale qui se traduit par une écologie entrepreneuriale plus dense, notamment avec de nombreuses entreprises de taille intermédiaire qui assurent une grande partie des exportations. Notre société peine à s'adapter à cause d'une culture qui se réfugie vers la base du triangle des adaptations, se rassurant par ses structures et son histoire. Il serait temps de lire Darwin et de cesser d'invoquer Lamarck pour des motifs bêtement nationalistes – il mérite mieux –, car il fut fort maltraité par les régimes politiques de son temps, tandis que Darwin est enterré dans la cathédrale de Westminster. Notre culture n'entretient pas de bonnes relations avec l'évolution.

CHAPITRE 6

# INNOVATION ET INNOVATION

Il y a deux types d'innovations, l'une que j'appelle lamarckienne, l'autre darwinienne. Dans l'évolution, les lignées ont un passé commun plus ou moins récent, une précision qui semble banale aujourd'hui, mais qui n'est pas encore bien comprise, même dans le champ des théories modernes de l'évolution, et encore plus en anthropologie, sans parler des sciences humaines. C'est du temps de Lamarck que se dessine deux grandes lignées de pensée sur comment se fait le changement dans la nature et dans la société des hommes. L'une, lamarckienne, caractérise l'Europe continentale et tout particulièrement la France et l'Allemagne. L'autre est darwinienne et ne s'exprime pleinement qu'aux États-Unis, et assez récemment. Une fois de plus, on constate une analogie profonde entre, d'un côté, l'évolution des théories de l'évolution et, de l'autre, l'évolution des systèmes socio-économiques. Par-delà les analogies et les homologies entre l'économie et l'évolution, interviennent des aspects anthropologiques (éthologiques, sociologiques, historiques et idéologiques) qui favorisent tel ou tel type de politique de l'innovation. Nous verrons que les deux sont tout aussi importantes, mais ce qui compte c'est dans quelle circonstance et comment on privilégie l'une ou l'autre; c'est le management de l'innovation.

## L'innovation lamarckienne

Il s'agit de l'innovation active. L'intuition de Lamarck était que les espèces avaient tendance à se perfectionner, bien qu'il ignorât en quoi consistait cette possibilité. Seulement, celle-ci ne se manifeste pas d'elle-même (vitalisme, transcendance, immanence, etc.). Elle répond à une sollicitation de l'environnement. Ce n'est pas ce dernier qui crée l'innovation, mais il pousse les organismes à se transformer: ce sont le transformisme et l'évolution par transaptation.



La parabole la plus célèbre est celle du cou de la girafe. Il était une fois les ancêtres des girafes qui avaient un cou plus court. Puis, quelles que soient les causes, les couronnes des arbres sont devenues plus hautes. Afin de continuer à se nourrir, les ancêtres des girafes ont étiré leur cou et ce faisant, acquis un cou plus long et sont devenues des girafes. Cela peut faire sourire, mais quand on présente à la télévision le grand singe qui se redresse à l'orée de la forêt pour voir au-dessus des hautes herbes de la savane, tout le monde est convaincu, parce que cela réactive le bon vieux mythe de l'échelle naturelle des espèces. Pardon d'apparaître lourd et répétitif, mais comment s'y prendre autrement pour bousculer ces représentations qui entravent nos capacités à évoluer?

Selon cette conception de l'innovation, on retrouve le célèbre aphorisme « la fonction crée l'organe ». Pour les sociétés humaines et leur histoire, c'est l'expression « les inventions sont les filles de la nécessité » ; une sorte de matérialisme de l'innovation. Ce que j'appelle « innovation lamarckienne », c'est l'innovation de type ingénieur et donc active : elle consiste à améliorer des produits dans des filières bien établies : automobile, aéronautique, train, spatial, téléphonie, eau, BTP, pétrochimie, etc., et avec de belles réussites entretenues par l'excellence de nos écoles supérieures. Nous sommes donc très bons dans ce type d'innovation active, ce qui correspond à notre culture lamarckienne. Il en va de même en Allemagne, qui a même tendance à être plus K dans certains domaines. Cependant, comme nous le verrons, cette excellence pose problème pour passer d'une stratégie industrielle par produit à une stratégie par projet.



Évidemment, il a bien fallu que ces filières se mettent en place au cours de notre histoire. D'après les travaux du groupe de l'économiste Michel Godet, professeur au CNAM, notre pays a connu des phases d'« innovation darwinienne » à la fin du XVIII^e siècle et au cours des Années folles, bien nommées en l'occurrence[1]. On retrouve le schéma des équilibres ponctués par de longues périodes de développement graduel entrecoupées de courtes périodes à la fois de crise et de créativité. On oublie trop souvent de citer la période du Second Empire,

1. Lire Godet, M., et coll. *Libérer l'innovation dans les territoires*, La Documentation française, 2010.

ce qui nous ramène à l'époque de Darwin et au concept d'« innovation darwinienne ».

## L'innovation darwinienne

L'algorithme darwinien dissocie l'innovation en deux temps : d'abord produire de la diversité sans augurer des avantages ou désavantages de ce qui émerge, puis, dans un second temps, l'action de la sélection. Dans cette démarche, on dissocie l'origine des caractères de leur évolution ; on retrouve les concepts de mutation et d'exaptation.

La création de *Là-haut*, le magnifique film d'animation de Pixar (2009), livre un très bon exemple d'innovation darwinienne. Le groupe de scénaristes travaillait sur la suite de *Toy Story*. Ils sont partis sur un projet défini, que l'on pourrait dire de type « lamarckien ». Cependant, les scénaristes se sont comportés de façon darwinienne : ils ont lâché toutes les idées qui leur venaient à l'esprit. L'un d'eux a ainsi pensé à une maison qui s'envole avec des ballons. C'était hors sujet, mais l'idée a été notée, pour être finalement reprise plus tard, ce qui a donné *Là-haut* avec le succès que l'on sait.



Il en va exactement de même pour les mutations et les recombinaisons génétiques. Elles se produisent sans aucune relation avec leur caractère avantageux ou désavantageux potentiel pour les individus face à leur environnement. Mais ce dernier sélectionne. Les scénaristes de Pixar et des entreprises les plus innovantes organisent ces temps dits de « *brainstorming* » ou de « *marvellous thinking* ». En effet, une idée, comme une mutation, n'est ni bonne ni mauvaise en soi ; cela dépend des contraintes de l'environnement. L'avantage que peut avoir une entreprise innovante sur la génétique – quoique l'on sache désormais que notre génome contient une grande partie d'ADN dit poubelle, dans lequel les mutations et les recombinaisons peuvent se faire de façon neutre, mais riches d'innovations potentielles –, c'est que l'on peut noter ces idées qui ne repasseront pas deux fois. Plus largement, on lit chez les spécialistes de la prospective et de l'innovation que des dizaines de milliers de brevets attendent d'être appliqués. Ils représentent des idées qui n'ont pas encore trouvé leur environnement.

Ce mode de production d'idées d'abord déconnectées de toute utilité s'appelle la sérendipidité, qui vient du terme anglais « *serendipidity* ». Dans mon excellent dictionnaire, on lit dans la partie anglais/français : « *Serendipidity* : faire par hasard des découvertes heureuses. » Mais on ne trouve pas ce terme dans la partie français/anglais. Il n'est pas surprenant que ce terme soit ignoré de notre culture lamarckienne et normalisée. Chez nous, tout caractère ou idée hors contexte ou norme est considéré comme du bruit ; chez les darwiniens, c'est une innovation possible. C'est toute la différence entre un jardin à la française avec ses perspectives au cordeau et un jardin à l'anglaise plein de surprises.

Comment faire émerger l'innovation darwinienne ? Il faut savoir perdre du « temps », installer les conditions de la production d'idées, ce qui requiert une fois de plus une culture de l'essai/erreur. Les entreprises les plus innovantes comme 3M ou Google incitent leurs ingénieurs-chercheurs à faire ce qu'ils veulent entre 10 et 20 % de leur temps. Comme le dit la Reine Blanche dans *De l'autre côté du miroir*: « *On ne devrait jamais commencer une journée sans s'assigner six idées irréalisables.* » On devrait imposer la lecture des œuvres de Lewis Carroll aux scientifiques, aux managers et aux ingénieurs.

## L'année de Darwin et de l'innovation

2009 fêtait le bicentenaire de la naissance de Charles Darwin tandis que la Commission européenne lançait l'année de la créativité et de l'innovation. En fourrageant sur le site www.EurAtiv.fr, j'ai retrouvé tous les éléments d'une culture darwinienne de l'évolution et de l'innovation, notamment tous les enjeux autour de la culture et de l'éducation que nous aborderons plus explicitement à la fin du livre. Il y a une belle coïncidence, certes non recherchée, mais qui s'inscrit dans le contexte d'une culture qui s'enracine dans l'Europe des Lumières et qui s'avère fondamentale pour l'Europe de demain.



D'un point de vue anthropologique, il est fait référence à l'importance de la créativité comme marque de l'humanité. Cependant, la Commission européenne constate que l'Europe se situe nettement derrière les États-Unis et les grands pays asiatiques pour l'investissement R&D, avec de nettes différences entre les entreprises des pays du nord de l'Europe, qui soutiennent leurs efforts d'innovation, et ceux du sud et de l'est, encore à la traîne. Sans revenir aux thèses du sociologue et économiste allemand Max Weber, il n'est pas douteux que de fortes traditions culturelles – politiques, philosophiques, sociologiques, religieuses et éducatives – soient à l'œuvre dans ces disparités.

Le concept de créativité épaule celui d'innovation, et l'on retrouve la différence et le lien organique entre variabilité et variation. La variabilité est la capacité de produire des variations, de même que la créativité est la capacité cognitive de proposer des innovations. Dans l'un des commentaires, la ministre de l'Économie Christine Lagarde précise que l'innovation ne saurait être l'affaire des seules blouses blanches, en d'autres termes des seuls ingénieurs et techniciens. La créativité exige aussi la participation d'artistes, de designers et autres créatifs, mais avec le regret que l'on oublie trop souvent en Europe de citer les chercheurs-docteurs des universités. Toujours ce fond lamarckien de l'Europe continentale et sa conception trop linéaire de l'évolution de l'homme.



Au travers des différents textes consultés, on relève une différence d'appréciation bien plus importante qu'il n'y paraît. Lorsque l'on évoque le soutien à l'innovation, la réponse logique réside dans l'aide financière à la R&D. Mais, comme nous l'avons vu, l'évolution se fait sur le couple variation/sélection. Il faut donc capter et développer les innovations qui, sinon, se retrouveront dans les oubliettes des possibles jamais réalisés. La difficulté majeure se situe dans le passage de l'innovation à la phase entrepreneuriale, passer de l'émergence – condition nécessaire – au développement – condition difficile en raison de tous les risques que cela implique, notamment financiers. Il ressort de ces quelques documents ce que le groupe de Michel Godet souligne dans ses travaux sur la situation en France : le problème est moins dans la capacité de produire des innovations que d'en faire de vraies innovations sur le marché. Si les grandes entreprises peuvent assurer cette transition avec moins de difficultés, c'est autrement plus délicat pour les PME. D'où l'idée d'une politique de la créativité et de l'innovation, qui passe par une aide ciblée et soutenue envers les PME.



La Commission européenne semble vraiment avoir pris conscience de cette difficulté à la fois structurelle et culturelle du passage à l'acte entrepreneurial. Une première condition concerne une législation qui ne pénalise pas ceux qui prennent des risques, notamment sur les faillites : susciter une culture de l'essai/erreur et non pas de la sanction. Cependant les États et les politiques traînent à suivre ce processus tandis que les pays dits émergents avancent très vite. Lors du sommet récent du Conseil européen de février 2011, il était prévu de consacrer la moitié de la rencontre à l'innovation ; ce qui n'a pas été le cas en raison des événements politiques du moment. Heureusement, les fonctionnaires européens ne lâchent pas, et avec raison. Cela nous amène à un autre dossier qui traîne aussi : celui du small business act européen (SBA pour les initiés). Lancé en 2008, il est en cours d'évaluation, avec déjà des avancées positives, mais très en retrait comparé à ce qui se passe de l'autre côté de l'Atlantique depuis plus de un demi-siècle. Quand on sait que 98 % des entreprises européennes sont des PME, qu'elles totalisent deux tiers des emplois privés et, que d'un point vue darwinien, elles sont plus aptes à produire et à développer les innovations, il faut accélérer ces processus de libération de la créativité entrepreneuriale ; car la Reine Rouge n'attend pas et la mondialisation n'est pas un doux pays imaginaire.

On peut reprocher beaucoup de choses à la Commission européenne, mais, malgré sa lourdeur administrative, elle avance de façon darwinienne et ses directives permettent de dépasser les diverses inerties des États ; ce qui, au passage, les arrange bien. Dans un rapport sur l'innovation dans les régions en France, on lit le problème non pas des moyens et des aides disponibles pour les entreprises, mais de leur lisibilité, loin d'être évidente, pour les entreprises. Sont critiquées les tendances à soutenir les industries sans volonté suffisante pour les innovations technologiques (R&D) et les services, notamment en raison de politiques sectorielles focalisées sur les filières existantes. On retrouve les travers de notre culture lamarckienne et, dans ce contexte, l'Europe devient un acteur essentiel pour le développement de l'innovation et des entreprises dans les régions.



L'Union européenne possède une base géographique considérable et la population la mieux éduquée du monde. Parce que son espace supporte l'un des systèmes économiques les plus concurrentiels, les entreprises européennes arrivent avec des avantages sur le marché mondial. La diversité des langues, des cultures et des sociétés est trop souvent perçue comme une source de complexité, mais c'est avant tout un terreau pour les adaptations de demain. Ce Petit Coin de paradis (Alain Minc, Grasset, 2011) connaît la paix et la prospérité depuis plus de un demi-siècle. Cela vaut le coup de continuer dans la complexité et la diversité pour une évolution authentiquement darwinienne. Une fois de plus – mais il faut tellement insister sur ce point fondamental –, il y a une nécessité impérieuse de développer la culture entrepreneuriale à tous les niveaux de nos sociétés : écoles, lycées et universités, bien sûr, mais aussi dans les entreprises et dans la société en général, avec la collaboration de tous les acteurs de la créativité. Dans le cadre de l'année de la créativité et de l'innovation, la Commission européenne a nommé une trentaine de personnalités « ambassadeurs de la créativité et de l'innovation », dont le professeur Dominique Langevin (physicienne), Philippe Starck (créateur-designer) et Jean-Philippe Courtois (président de Microsoft International) pour la France, aux côtés d'autres chercheurs, chefs d'entreprises, chorégraphes, écrivains, cinéastes, artistes, etc. Il faut en faire de même en France et donner une grande ampleur à cette grande idée avec, pourquoi pas, un anthropologue darwinien...

## Faut-il être lamarckien ou darwinien ?

Pour tout évolutionniste, on est de toutes les façons dans un monde darwinien. Cependant, et à la différence des autres espèces, même celles qui inventent des comportements et des outils avec des traditions et des cultures, comme les chimpanzés et d'autres, l'homme a la possibilité de construire son devenir, de se donner des buts. C'est toute la philosophie des Lumières, tout en rappelant que nos systèmes de représentation peuvent être aussi bien des obstacles que des motivations au changement et à l'innovation (lire p. 195 le chapitre à propos du développement durable). Les progrès fulgurants de nos sociétés depuis deux siècles et demi s'inscrivent dans une marche du progrès poussée par la volonté des hommes. D'où l'impression que nous sommes devenus les maîtres du jeu. Cette idée fallacieuse finit par générer de graves problèmes, comme en médecine. Nous avons cru que nous étions sortis des affres de la nature et de la sélection naturelle. Mais on ne contrôle pas tout et, à vouloir éliminer toutes les maladies, on a favorisé l'apparition de pathologies plus sévères, comme les infections nosocomiales. La course de la Reine Rouge entre les antibiotiques et les bactéries tourne à l'avantage de ces dernières et, à moins d'une découverte par sérendipidité comme pour la pénicilline en d'autres temps, on se dirige vers des situations sanitaires dégradées. Le développement actuel de la médecine évolutionniste ou darwinienne propose des voies de recherches nouvelles comme une meilleure compréhension de la coévolution des hommes et des maladies[1]. On revient toujours à Darwin…

Comment susciter l'innovation darwinienne ? Cela se traduit par une diversité des profils des ingénieurs et des chercheurs. Trop de départements de R&D se composent d'ingénieurs de formations identiques ou proches, ou avec trop peu de chercheurs des universités. Il faut un bon mélange de compétences en recherche appliquée et en recherche fondamentale ; vouloir séparer les deux est une absurdité. Sans tomber dans les clichés, les ingénieurs et les chercheurs, par leurs formations respectives, font que les uns sont plus efficaces dans l'innovation lamarckienne et les autres dans les innovations darwiniennes. Or ce n'est pas dans l'addition des talents que réside la créativité, mais dans la façon d'organiser les talents. Vive la diversité qui fait de la diversité !



Au hasard de mes pérégrinations de conférencier, j'ai eu la chance (darwinienne) de tomber sur le numéro 36 d'octobre 2010 de l'excellente revue *Innovation & Industrie* (on note au passage qu'elle est récente). Un article a particulièrement attiré mon attention, à propos de l'évolution des bureaux d'études d'une entreprise de génie mécanique et électronique, Parker Hannifin (10 milliards de dollars de chiffre d'affaires, dont 2 % dédiés à la R&D). Le nouveau responsable a mis en place un programme basé sur des objectifs précis, tout en préservant les talents

1. Lire *Il était une fois la paléoanthropologie*, *op. cit.*

créatifs des ingénieurs (ça commence comme Lamarck, mais on finit toujours avec Darwin). D'abord le principe de la boîte à idées et les premières étapes de leur mise en œuvre ; rien de révolutionnaire, sauf que tout cela est mis en réseau grâce à un système d'information unique mettant en exergue les collaborations entre groupes et divisions. Du coup, en sortent spontanément des collaborations au sens le plus darwinien, des innovations par organisation spontanée. Autre constat, les principales innovations apparaissent non pas au cœur, mais à la marge (lire le passage sur les adaptations et, plus bas, sur les bricolages et les communautés innovantes, p. 173). Puis le second temps du processus se met en place – plus lamarckien – et mobilise une équipe de multi-compétences avec tous les acteurs concernés : marketing, commerciaux, clients, techniciens et ouvriers. C'est l'exemple paradigmatique du management ouvert de l'innovation ; un magnifique condensé d'une approche darwinienne moderne. (*J'ignore ce qu'il en est chez Renault ; mais la culture de la forteresse assiégée, de la déviance entre les départements et les filières rend propices les délires paranoïaques qui ont nourri l'actualité début 2011.*)



Si nous sommes dans un modèle hiérarchique et vertical, avec des ingénieurs qui font de l'innovation lamarckienne en imposant leur choix à tous les acteurs de l'entreprise et ses partenaires, on se contraint à une logique de produits comme ces beaux avions qu'on n'arrive pas à vendre (l'infortuné Rafale). La démarche de

Parker Hannifin, dans un domaine d'ingénierie classique, joue de tous les facteurs susceptibles de faire émerger et développer des innovations, comme l'exprime si bien cette remarque du responsable de la R&D : « *Livré à lui-même, le chercheur a du mal à juger objectivement ses idées.* » Nous sommes sur l'algorithme darwinien. Dernière remarque à propos de l'évaluation de la productivité de la R&D dans ce cas précis : ce n'est pas ce qu'elle coûte qui importe, mais ce qu'elle rapporte, autrement dit, les résultats financiers sont corrélés à la conduite et la rigueur du processus de R&D. Et de rappeler que R&D, c'est recherche et développement, R pour Darwin et D pour Lamarck, les deux temps de l'algorithme darwinien. En termes de management de l'innovation, tout le talent réside dans la capacité de favoriser Lamarck et/ou Darwin, entre management délibéré et management d'émergence[1].



## À retenir

Dans ce chapitre, on a distingué deux types d'innovations, l'une qualifiée de lamarckienne, l'autre de darwinienne. La première répond aux sollicitations de l'environnement et est active. C'est la démarche des ingénieurs et de la recherche appliquée. La seconde repose sur l'algorithme darwinien en produisant des idées sans augurer de leur pertinence ou de leur utilité ; c'est la démarche de la recherche fondamentale. Il y a découplage entre la production des idées et les demandes de l'environnement. Puis, si certaines sont sélectionnées, elles font l'objet de développement et on retrouve Lamarck.

1. Lire « L'homme est un singe comme les autres », *op. cit.*

La question n'est pas d'opposer les deux types d'innovations, mais dans quelles circonstances il faut rechercher les unes et les autres. À regret, on constate une fois de plus que notre penchant culturel pour la normalisation et l'homogamie – la tendance à recruter des personnes des mêmes écoles et de même formation – et la défiance envers les autres, voire la condescendance envers celles et ceux issus d'autres formations, ne favorisent pas l'innovation darwinienne. Pour cela, il faut concevoir des systèmes de coopération et de relations plus ouverts et plus souples, notamment avec les clients. Des départements de R&D composés de personnes de même profil ne peuvent faire que de l'innovation lamarckienne, ce qui va bien dans de grands secteurs soutenus par l'État et son système de « grands corps » – monde lamarckien –, mais est moins à l'aise dans le cadre de la compétition mondiale – monde darwinien.

Nous disposons des meilleurs ingénieurs pour faire de l'innovation lamarckienne, mais il est fondamental de développer l'innovation darwinienne pour déployer tous leurs talents. Pour cela, il faut des départements de R&D avec des acteurs possédant une diversité de profils, tout particulièrement des docteurs des universités, formés à interroger les limites des savoirs et à faire émerger des idées destinées à être testées, et, si elles sont sélectionnées, les mettre en œuvre. Cela requiert une culture de la confiance dans les collaborations, d'assumer les bonnes idées qui s'avèrent en fait irréalisables, mais pouvant émerger dans d'autres circonstances et, comme développé dans le chapitre suivant, jouer des bricolages et des réorganisations. Bref, un vrai management de l'innovation. Donc, pour une véritable politique de l'innovation, il faut susciter du désordre créatif et darwinien avant que n'entre en lice l'excellence lamarckienne.

CHAPITRE 7

# BRICOLAGES ET RÉORGANISATIONS

Quand on parle d'innovation, on pense aux technologies qui ont bouleversé les modes de travail (informatisation des tâches), apporté de nouveaux métiers liés aux NTIC, diversifié les réseaux sociaux (Web 2.0, Facebook, Twitter, etc.) et même la politique (élection de Barack Obama en novembre 2008, événements du monde arabe début 2011, etc.). Le slogan favori de Steve Jobs, « *Change the world* », relaie cette idée. Seulement, c'est oublier que les plus grandes avancées dans l'histoire de l'humanité, des sociétés et des entreprises se fondent le plus souvent sur la réorganisation d'éléments techniques et culturels qui préexistaient et, dimension anthropologique fondamentale, sur nos représentations du monde, ce que l'on appelle des changements de paradigme en science. Ces bricolages interviennent au sein des entités – sociétés, espèces, entreprises – et dans les interactions entre les entités, ce qui touche aux communautés écologiques et à la coévolution.

Ce chapitre traitera d'abord de l'innovation dans les entreprises, puis entre les entreprises.

## Les bricolages de l'innovation

Nous avons déjà évoqué dans la première partie ces bricolages qui, je le rappelle, opèrent à tous les niveaux des organismes, des gènes aux capacités cognitives en passant par la morphologie et les comportements. Les espèces sont contraintes par les structures acquises au cours de leur histoire évolutive et recourent à des formes plus complexes d'adaptabilité. Ce sont les facteurs internes. Les plus grandes innovations proviennent de bricolages et d'exaptations.

## Contraintes et plasticité

Nous avons trop longtemps cru que la complexité des organismes dépendait du nombre de gènes ; L'homme étant une espèce éminemment compliquée, on estimait que notre génome contenait deux cents à trois cent mille gènes. Pour s'adapter, il faut toujours plus. C'est sur cette fausse vérité que reposent de nombreuses revendications qui demandent plus d'effectifs pour répondre à des problèmes de structure et d'organisation (grandes entreprises publiques, Éducation nationale, etc.). La surprise est venue du séquençage du génome de l'homme en 2000 et de celui du chimpanzé en 2005, sans oublier les autres espèces. Première leçon : tous les mammifères possèdent à peu près la même quantité d'ADN ; deuxième leçon : les hommes et les chimpanzés ont à la fois peu de chromosomes (respectivement quarante-six et quarante-huit) et de gènes (environ vingt-cinq mille) ; troisième leçon : les espèces les plus complexes ont à la fois plus de contraintes structurales et plus de plasticité. Selon l'expression du chercheur en biologie français François Jacob, elles possèdent des génomes plus « ouverts » ; entendre, avec des capacités d'adaptation tout au long de la vie. Ainsi, notre génome diffère peu de celui des chimpanzés et nous ne sommes pas hommes parce que nous aurions quelques « gènes miracles » en plus pour la bipédie, le langage, la culture, l'empathie, etc., ce qui serait d'un réductionnisme stupide. Les évolutions respectives de la lignée des chimpanzés et de la lignée humaine passent par des remaniements génétiques, de nouvelles organisations des chromosomes et des gènes et de leurs modes d'expression. Ce sont des bricolages.

En fait, les structures se « simplifient » par intégrations successives au cours de l'évolution (optimisation), mais permettent une diversité de fonctions (plasticité). Les poissons et les requins, qui sont des vertébrés « archaïques » au sens explicité dans la première partie, possèdent un nombre considérable de dents, de morphologie identique, qui se renouvellent continûment. Les mammifères n'ont que deux dentures, l'une dite de lait et l'autre adulte. Le nombre maximal de dents connu est quarante-quatre dents chez l'adulte ; les anthropoïdes, groupe de singes auquel nous appartenons, en possèdent trente-deux. Il y a eu « simplification » en réduisant le nombre de dentures et de dents, mais complexification avec des champs dentaires spécialisés. Chez les anthropoïdes, chez lesquels ces fonctions sont les plus nombreuses, on a les incisives pour couper, les canines pour déchirer et les molaires pour broyer ; à ces facteurs de sélection naturelle s'ajoutent des fonctions sexuelles pour les canines, et sociales pour le sourire et les mimiques[1]. Il en va de même pour notre squelette facial, bâti sur un nombre restreint d'os, mais qui soutient des fonctions alimentaires, sociales et communicatives. Idem pour notre squelette locomoteur, avec une simplification des allures, puisque l'homme ne fait que « trotter », que ce soit pour marcher ou courir. Les quadrupèdes comme les chevaux ont trois allures fondamentales : le pas à quatre temps, le trot à deux temps et le galop à trois temps, sans parler des allures intermédiaires. Donc contraintes évolutives et internes, mais une plasticité que toutes les danses et les sports du monde n'arrivent pas à épuiser[2].



## Le paradoxe de Moravec ou faire simple pour résoudre les problèmes compliqués

Cela ressemble presque au *Discours de la méthode.*

Et si les choses de la vie les plus simples étaient les plus difficiles à réaliser et, réciproquement, les choses les plus complexes les moins ardues à faire ? Tel est le paradoxe de l'enseignant-chercheur d'origine autrichienne Hans Moravec, spécialiste de robotique et d'intelligence artificielle. Ce paradoxe ne tient que si l'on pense que notre monde est récent. On retrouve l'un des

1. Lire *Il était une fois la paléoanthropologie*, *op. cit.*
2. Lire, Picq, P., *Danser avec l'évolution*, Le Pommier, 2007, et *Regards sur le sport*, *op. cit.*

arguments privilégiés du dessein intelligent et la parabole de la montre. Le théologien et philosophe britannique William Paley (1743-1805), l'un des fondateurs de la théologie naturelle, affirme que si, au hasard d'une promenade sur une île déserte, on trouvait une montre, alors, émerveillés par la fine articulation de ses mécanismes, on ne pourrait qu'induire l'existence d'un concepteur génial ; c'est de là que vient l'idée d'appeler Dieu le suprême horloger de la nature ou le grand architecte de l'univers. Par-delà l'argutie, ces faux paradoxes s'expliquent facilement dans le cadre des théories de l'évolution[1].

Si vous arrivez de la planète Mars et que vous tombez sur un iPhone au beau milieu du désert, soit vous vous dites que cela vient du ciel, soit vous êtes un peu plus terre à terre – même en venant de la planète Mars – et vous vous dites qu'un pélerin ou un quidam quelconque passé par là a oublié son bel appareil. Ou vous pensez à un suprême ingénieur ou vous allez aux objets trouvés. L'erreur des partisans du dessein intelligent réside dans cette attitude : ne pas rechercher les origines et l'histoire – en d'autres termes, l'évolution – d'un objet. Évidemment, il y a un grand concepteur – Steve Jobs et ses collaborateurs qui ne sont pas pour autant des dieux descendus sur la Terre –, mais tout cela s'inscrit dans un schème historique qui commence avec la pile de Volta présentée



1. Pour une récusation de cet « argument » antiévolutionniste, lire Dawkins, R., *L'horloger aveugle*, Robert Laffont, 1999, et *Lucy et l'Obscurantisme*, *op. cit.*

à Napoléon Ier, du temps de Lamarck. Pour ceux de ma génération qui sont passés de la préhistoire de la règle à calcul – qu'on allait acheter dans un magasin du même nom juste à côté des Éditions Eyrolles ; le bon temps des logarithmes ! – aux magnifiques appareils actuels, il y a toujours un émerveillement, mais celui du génie des hommes et de l'évolution des techniques, dont les processus sont identiques à ceux de l'évolution des espèces[1].

Moravec explique que les machines inventées par les hommes – ordinateurs et robots – s'acquittent aisément des problèmes considérés les plus complexes par les hommes – tout ce qui se réfère à l'intelligence logico-mathématique : calculs, algèbre, modélisations mathématiques, etc. –, mais peinent à résoudre des tâches très simples pour des enfants, comme reconnaître des visages, attraper une balle, apprendre les subtilités de la grammaire, etc. En fait, les géniaux ingénieurs se montrent plus efficaces pour résoudre des questions ardues dans des matières scientifiques et disciplinaires dans lesquelles ils ont brillé au cours de leurs études, mais rencontrent les plus grandes difficultés pour emmener les robots faire un match de football (pour évoquer une compétition célèbre entre les meilleurs roboticiens et informaticiens du monde). Ils ne sont pas prêts de battre un gamin de trois ans balle au pied ni mon jeune chien fort habile à intercepter le volant de badminton malgré mes récriminations. Les progrès de la robotique et de l'intelligence

1. Lire *L'Extinction des Technosaures*, *op. cit.*

artificielle nous émerveillent et l'iRobot viendra plus tôt qu'on ne le pense après l'iPhone. Néanmoins, pour expliquer ce paradoxe, on parle d'*ingénierie inverse*. De quoi s'agit-il ?

Les actions qui nous semblent les plus simples procèdent d'une longue évolution. Nos organes de perception et d'action sont apparus, puis se sont optimisés selon des processus d'innovation et de perfectionnement incrémentaux pendant des centaines de millions d'années. Pour autant, les animaux et les enfants ne sont pas des « machines cartésiennes » ; on apprend à marcher, à manger, etc., surtout chez les espèces K. En reprenant les termes utilisés à propos de l'évolution dans la première partie de ce livre, ce sont les fonctions les plus anciennes, donc les plus « primitives », qui sont les plus difficiles à reproduire par nos machines les plus « évoluées ». L'ingénierie inverse élucide ce faux paradoxe en expliquant que nos magnifiques machines devront être de plus en plus complexes pour imiter nos actes les plus naturels et faussement simples, et apparus à différentes époques de l'histoire de la vie, notamment les plus anciennes. Ce qui nous amène à une autre question : *comment faire ?*



Prenons l'exemple de la compétition homme/machine avec le jeu d'échecs. La défaite du champion du monde d'échecs russe Garry Kasparov par le superordinateur Deep Blue en 1997 sanctionne la fin de la suprématie de l'homme face à ses machines et dans l'un des jeux les plus intelligents conçus par l'esprit humain. (*En fait, la machine était sans cesse assistée par des hommes – informaticiens, programmateurs et autres experts des échecs – et il s'agit plutôt d'une confrontation homme* vs *machine-et-hommes.*) Depuis, d'autres machines ont été conçues, comme Hydra, jamais battue par les meilleurs champions. De nouvelles compétitions dites «*free style*» opposent des équipes de joueurs et des machines. Hydra a été battue en 2005 par des joueurs de très bon niveau – mais pas des grands maîtres – ayant utilisé plusieurs ordinateurs standards et connectés à des sites et d'autres joueurs. C'est du bricolage! Même si une petite controverse persiste sur le fait que les programmateurs d'Hydra auraient commis de petites erreurs, on retient qu'une association d'entités intelligentes, mais plus «simples», et nourries d'informations externes, se montre plus efficace que la plus belle et la plus sophistiquée des machines avec ses programmes, ses routines, ses logiciels et ses banques de données internes.



Cela ne signifie pas que dix chimpanzés jouant aux échecs mettraient en échec un grand maître. Moravec a grandement influencé les recherches en intelligence artificielle (IA) en changeant de paradigme, en l'occurrence en choisissant des modules plus simples doués de sensibilité et de réactivité mis en collaboration, donc doués d'auto-organisation, ce que l'on appelle la «nouvelle IA». Pour revenir aux hommes et aux chimpanzés, notre cerveau est trois fois plus gros, mais avec seulement 25 % de neurones en plus. (*Toutes nos facultés les plus vitales et les plus «archaïques» associées à la perception et à la motricité – celles des zones cérébrales dites primaires et secondaires – sont identiques. Cependant, les parties associatives se sont d'abord agrandies passivement par effet de taille – coaptation de type « écoinçon » – puis ont été mobilisées par de nouvelles capacités cognitives, comme le langage – une faculté apparue récemment dans notre évolution et qui, de ce fait, requiert un long apprentissage*[1].) Nous sommes devenus très intelligents non pas en ayant des neurones particuliers – donc pas d'évolution qualitative par innovation de rupture – ou en ayant acquis trois fois plus de neurones – évolution quantitative –, mais avec un peu plus de neurones, avec des connexions en réseaux plus complexes. La leçon de Moravec nous ramène à deux concepts clés de l'évolution : le couple variation/sélection et le bricolage ! En des termes plus prosaïques, quelques grosses têtes en rivalité se montrent moins efficaces et moins innovantes que de plus petites têtes œuvrant en réseaux coopératifs.



## Variation et réorganisation

Pour s'adapter et innover, notamment en période de crise, le maître mot est bien « réorganisation », ce qui signifie mettre en place les conditions de l'émergence de nouvelles solutions à partir de caractères ou de compétences jusque-là potentiellement existantes. Bien sûr, cela nécessite de nouveaux outils technologiques au sens



1. Lire Picq, P., et coll., *La Plus Belle Histoire du langage*, Seuil, 2008.

large, mais ce n'est pas l'outil qui fait l'homme. On peut au mieux rendre plus performante une organisation déjà existante (transaptation). Ne croire qu'aux « solutions techniques », c'est passer à côté des réorganisations. Il en va de même pour le recrutement de nouveaux collaborateurs : on leur demande de rentrer dans la structure ou de participer à une réorganisation vers une nouvelle structure ? Les systèmes sociaux et les entreprises s'adaptent grâce à leurs capacités à jouer sur l'éventail de leurs facteurs internes ou endogènes – qui ont forcément des contraintes structurelles et historiques –, tout en restant des systèmes ouverts à des apports extérieurs ou exogènes[1]. Tels sont les mécanismes de l'entreprise darwinienne[2].



Voici quelques recommandations pour faire émerger de l'innovation par réorganisation.

Comme les individus sont tous différents les uns des autres et qu'ils ne sont adaptés que par une partie de leurs aptitudes, les réorganisations des équipes peuvent faire émerger des solutions inattendues. La très grande majorité des innovations provient justement de changements socio-organisationnels. On a donné des exemples dans les technologies classiques et numériques, et c'est tout aussi

1. Lire Picq, P., *L'entreprise impertinente est celle capable d'évoluer*, Cercle des Entrepreneurs du Futur/La Documentation française, 2010.
2. Lire *Repenser l'entreprise*, *op. cit.*

pertinent dans les domaines liés aux services. D'après une étude du Conseil d'Analyse Économique, 80 % des grandes innovations proviennent de ces bricolages[1].

Pour cela, il faut amener les collaborateurs à échanger et participer de façon innovante et non pas forcer les individus à entrer dans une structure figée ou prédéfinie. (*Les NTIC et le Web 2.0 suscitent et facilitent cela*[2].) Dans l'évolution des groupes sociaux, les structures sont la conséquence des interactions des individus et non pas l'inverse, et c'est bien pour cela qu'elles s'adaptent. Donc, la réponse est qualitative et non pas quantitative.

Pour négliger ce caractère fondamental de l'adaptation, en période de crise on préfère dégraisser les effectifs plutôt que de reconsidérer les structures et les réorganisations. Cela peut se concevoir pour des métiers de faible qualification – et encore –, mais moins pour ceux exigeant de hautes compétences. Du coup, on considère les ressources humaines comme une variable d'ajustement quantitative sur des effectifs ayant des fonctions dans une structure qui n'est pas réévaluée, plutôt que de solliciter les ressources humaines qualitatives de chaque individu et susceptibles de proposer une autre structure. On suscite donc des solutions à partir des facteurs internes avant de s'en remettre à des facteurs externes.





1. Lire *Libérer l'innovation dans les territoires*, *op. cit.*
2. Se reporter à « Entreprise 2.0 et (R)évolution des fondamentaux », *Pluriel*, 4 juin 2010.

Comme l'adaptation repose sur la variation, il serait temps de mettre un frein à l'homogamie, cette tendance perverse qui consiste à recruter des personnes des mêmes écoles ou de même formation ; c'est bon pour la structure, pas pour l'adaptation.

## Communautés écologiques

### Pour un collectif d'expériences

La mise en place des pôles d'innovation industrielle est une excellente idée et donne des résultats globalement satisfaisants, avec de fortes disparités régionales[1]. Elle correspond à l'idée de communauté écologique avec un tissu d'interactions complexes entre les différentes populations. Seulement la manie de la décision verticale et administrative favorise le développement[2] et plus difficilement l'innovation au sens darwinien.



Une espèce n'évolue pas seule, mais avec sa communauté écologique. On ne vit jamais aussi bien qu'avec son concurrent ; s'il disparaît, c'est la pire nouvelle, car on sort de la logique de la Reine Rouge et on ne voit pas arriver celui qui prendra sa place (lire p. 100 l'exemple de BYD pour les voitures électriques). Donc, il faut penser compétition, non pas pour éliminer, mais dans une stratégie de coopétition. Dans l'évolution, ce sont les espèces

1. Lire l'évaluation du Boston Consulting Group de 2010.
2. Lire Charlès, B., *Le Monde*, 25 novembre 2005.

ayant une longue histoire de coévolution dans des communautés écologiques très compétitives qui supplantent les espèces issues d'écosystèmes moins complexes (*le meilleur exemple macroéconomique est le choc entre les économies des deux Allemagnes*; voir la première partie).

Il importe de rappeler que les populations des espèces évoluent au sein des communautés écologiques ; c'est la coévolution. La conception caricaturale de la guerre de tous contre tous a trop longtemps fait croire qu'il n'y avait jamais de coopération dans la nature, ce qui est faux entre les individus d'une même espèce et souvent entre des individus de différentes espèces dans un même habitat[1]. Le livre *Empreintes sociales* (Odile Jacob, 2011), signé par une dizaine de patrons de grandes entreprises dans des domaines différents, est un exemple prometteur de ces nouvelles approches collectives mettant en relation une diversité d'expériences.



## L'importance des communautés

La longue tradition colbertiste de la France n'a jamais favorisé le développement des territoires. La logique de l'État est de capter les ressources des territoires et de reporter sur eux ce qui lui coûte. Il existe des expériences comme celle de la technopole Sophia Antipolis, qui traverse actuellement une période de difficulté, la région de Grenoble et d'autres dont on parle assez peu, car plus



1. Lire Waal, F., *L'Âge de l'empathie*, LLL, 2010.

récentes[1]. Ces réussites reposent sur des communautés entrepreneuriales associant tous les acteurs décidés à œuvrer ensemble et à se soutenir. En effet, si la population d'une espèce va mal dans une communauté écologique, alors l'ensemble en est affecté. (*En supprimant les loups dans le parc naturel américain de Yellowstone, dans le Wyoming, on a cru protéger les proies comme les cerfs. Cela a produit deux conséquences : les maladies se sont diffusées, car les individus malades n'étaient pas éliminés ; l'accroissement de leurs effectifs menaçait la diversité des espèces d'arbres, les arbustes étant mangés sans discernement. Depuis le retour des loups, tout le monde se porte mieux, même le paysage.*) Cela exige aussi une culture ouverte, avec des collaborations intriquées comme dans les communautés écologiques, des projets entre entreprises, même concurrentes, et une employabilité qui ne se limite pas à une entreprise, mais à la communauté des entreprises.



La Silicon Valley reste le modèle le plus paradigmatique. Mais on rencontre ici des problèmes culturels. Les PME/PMI italiennes possèdent une longue tradition de coo-pétition, le cas le plus célèbre étant les verriers de Murano. Un des problèmes de Sophia Antipolis provient d'une conception initiale sous forme de parc avec des services communs, mais avec de grandes entreprises qui s'installent les unes à côté des autres. Son avenir dépendra justement de la capacité des acteurs à tous les niveaux

1. Lire Godet, M., *Bonnes Nouvelles des conspirateurs du futur*, Odile Jacob, 2011.

à trouver une vision commune qui transcende ces juxtapositions, à l'exemple de notre génome qui n'est pas une collection de gènes, mais de gènes en interactions. Le tout est infiniment plus complexe que l'addition des parties.

## Territoires et périphérie

L'individualisme entretenu dans notre culture centralisatrice n'incite pas à collaborer ainsi. Le jour où les médecins de campagne sauront s'associer et partager une clientèle, il y aura moins de problèmes. Les solutions à venir sur les territoires, que ce soit sur les services, les emplois, les entreprises, les infrastructures, etc. émergeront de nouvelles collaborations entre des entreprises du service public et du secteur privé capables de réorganiser leurs prestations en en confiant les réalisations aux unes et en en prenant aux autres.



## Acquis individuels *vs* acquis collectifs

Dans l'histoire de la vie, c'est en abandonnant des acquis que l'on trouve de nouvelles adaptations qui, en retour, bénéficient aux formes de vie qui se chargent de les compenser. Les animaux ont perdu la capacité de synthétiser des molécules organiques à partir de molécules minérales, ce que font toujours les plantes. Donc les animaux dépendent des plantes, qu'ils doivent manger. Mais ce faisant, par le choix des plantes consommées ou de leurs parties, ils favorisent leur reproduction en dispersant leurs pollens et leurs graines. C'est de là que vient la biodiversité, de cette interdépendance des besoins entre les différentes espèces, depuis les plantes jusqu'aux superprédateurs. La complexité de la coévolution repose sur une interdépendance qui se joue entre l'abandon d'acquis en échanges de services. (*La coévolution des singes, des insectes, des oiseaux et des plantes à fleurs et à fruits depuis trente-cinq millions d'années a donné la magnifique luxuriance des forêts tropicales, trésor de la biodiversité*[1].)

À cet égard, la France se montre très hétérogène d'une région à l'autre. On retrouve des questions historiques et culturelles – le triangle de l'adaptabilité –, donc anthropologiques, qui, à ma connaissance, n'ont pas fait l'objet d'études spécifiques. Mais il n'y a pas de fatalité. Pourtant parties de loin, ce sont aujourd'hui les régions du Grand Ouest qui innovent le plus et créent le plus d'entreprises[2]. Leur chance ? Elles ont été délaissées par les grandes industries et les grands plans d'aménagement. Elles ne pouvaient compter que sur leurs talents et ressources locales tout en se dégageant de la dépendance infantilisante de l'État (aide et protection). Les régions avec les plus faibles taux de croissance sont celles des grands bassins miniers, qui se sont accrochées à leur passé au lieu de favoriser de nouvelles activités qui, en retour, auraient bénéficié à toute la communauté



1. Lire « Au bon goût des singes », *in* Picq, P., Coppens, Y., *op. cit.*
2. *Ibid.*, Godet.

économique. Le choix des acquis contre la créativité est toujours négatif.

Les territoires, et plus généralement les populations périphériques, fixent les innovations plus facilement et, partant, évoluent plus rapidement ; c'est l'effet fondateur et la dérive génétique. Les populations qui vivent au cœur de la zone de répartition géographique d'une espèce – sa biogéographie – connaissent des flux génétiques multidirectionnels, ce qui ne facilite pas l'accroissement de la fréquence d'un gène codant pour de nouveaux caractères par un effet d'inertie ou homéostasie. En revanche, les populations périphériques ont moins d'échanges génétiques avec les autres populations. De ce fait, et en raison de leurs faibles effectifs, une innovation peu se fixer plus rapidement. (*Si on se réfère aux travaux du groupe de recherche dirigé par Michel Godet, on s'aperçoit que les grandes entreprises françaises s'enracinent régionalement ; on ne citera que la Sodexo et Michelin*[1].) Une autre conséquence de la dérive génétique se retrouve dans la possibilité de proposer de nouveaux caractères non sélectionnés, des coaptations susceptibles de faire émerger de nouvelles lignées. Au début des années 1980, IBM a hésité à se lancer sur le marché du micro-ordinateur. « Big Bleu » a suivi une stratégie K avec une grande expertise sur les gros systèmes informatiques. Et, comme nous l'avons vu dans la première partie, il n'est pas évident d'adopter un projet de type *r*. Les protocoles de validation des

1. Lire *Libérer l'innovation dans les territoires*, *op. cit.*

innovations ne sont pas les mêmes. Le management a décidé d'« isoler » un petit groupe d'ingénieurs très créatifs et non contraints par les procédures habituelles. De là est né l'IBM-PC, un parfait exemple d'innovation rapide par dérive génétique dans une population de faible effectif et placée « en périphérie ». À cela s'ajoutent d'autres avantages de plus en plus précieux, comme la qualité de la vie, l'environnement et les activités culturelles qui sont loin d'être aussi faciles à saisir en région parisienne que l'on veut bien le dire.

## Centrifuge et centripète

Nous avons évoqué précédemment comment des populations ou des entreprises de petite taille peuvent développer des communautés très actives sur un même territoire. Un autre aspect important des territoires concerne les grandes entreprises ayant des implantations locales. Celles-ci ont tendance à imposer les mêmes procédures, décidées au centre et appliquées de manière centrifuge. Seulement les entités locales connaissent des contextes différents et il leur faut trouver les moyens de s'adapter tout en tenant compte des directives générales. Ces situations proposent autant de sources de variations que d'innovations. La question qui se pose devient de savoir si l'organisation de l'entreprise arrive à percevoir ces innovations et est capable de les faire remonter – effet centripète – et de les diffuser là où elles pourraient se révéler utiles. La mise en réseau des expériences et des compétences évite à ceux qui sont confrontés à un problème local de tout réinventer et d'accéder à une diversité de solutions ; donc, une fois de plus, de la diversité, de la variabilité, des exaptations et des bricolages. Il y a quelques années, Siemens a mis en place un réseau NTIC au niveau mondial pour faciliter la gestion du groupe. Cela s'est avéré peu efficace, mais le réseau a été maintenu. Il offrait le moyen de partager des informations, ce qu'ont spontanément fait les acteurs, comme ce chef de chantier confronté à un problème technique complexe en Amazonie qui a eu la bonne idée d'envoyer une requête et reçu la réponse d'un collègue qui avait rencontré un problème similaire en Afrique centrale. Un bel exemple d'exaptation.

Dans cette partie, nous avons discuté des interactions qui, au sein des entreprises – facteurs internes – et entre les entreprises – acteurs externes – sont sources d'innovation par bricolage, réorganisation et associations. Fondamentalement, ce sont pourtant les mêmes mécanismes qui sont en jeu. Les théories modernes de l'évolution décrivent ces interactions constantes à tous les niveaux des organismes, des individus, des populations et des écosystèmes. Les gènes ne codent pas de façon simple et univoque, mais s'expriment en fonction des gènes qui les entourent, de leurs combinaisons et de boucles rétroactives. À l'autre « extrême » de la biodiversité, il en va de même pour les populations de différentes espèces dans une même communauté écologique. Le couple variations/sélection ou caractères/environnement intervient constamment ; c'est la dynamique de l'adaptation et de l'évolution. Non seulement les entreprises n'échappent pas à ces mécanismes, mais elles doivent les susciter. Cependant, comme il s'agit d'entreprises humaines, la connaissance des facteurs internes et externes procure des chances de mieux maîtriser l'évolution, d'en être des acteurs. Mais tous les managers connaissent-ils leur entreprise à tous ses niveaux ? Possèdent-ils tous une bonne perception de leurs environnements ? Ces questions nous amènent à aborder les problématiques du développement durable, objet du prochain et dernier chapitre.



## À retenir

À l'encontre de l'idée de filières ou de secteurs s'efforçant d'avancer par innovations incrémentales, la plupart des ruptures proviennent de bricolages et de réarrangements à partir d'éléments déjà existants. Le paradoxe de Moravec décrit combien il est plus facile de s'engager dans une course de la Reine Rouge en recherchant des solutions plus complexes alors que la complexité vient d'un nouvel agencement de choses plus simples, par bricolages et essai/erreur. La course de la Reine Rouge entre les grands maîtres des échecs et des ordinateurs de plus en plus puissants est passée à côté d'une autre solution, associer des joueurs et des machines plus simples, mais en interactions constantes et capables de recevoir des informations de l'extérieur. L'innovation en silo, ne procédant que de capacités internes, produit moins d'innovations que les celles issues de réseaux, en tout cas, pas les mêmes. Une fois de plus, les unes ne se réduisent pas aux autres, mais les autres – concurrence, coopétition, clients, etc. – restent des incitations auxquelles on ne porte pas assez d'attention.

Une autre source d'innovation négligée provient de la multiplicité des expériences locales. En fait, le centre n'innove pas, il donne les grandes orientations. Les entités locales ou les populations périphériques doivent, quant à elles, trouver des solutions pour répondre aux nouvelles directives et autres nouveaux objectifs. Comme chacune d'elles se confronte à des situations particulières, chacune doit trouver et mettre en place des innovations, fixées d'autant plus rapidement que les personnes impliquées entretiennent des relations plus fréquentes et propices à les rendre efficaces. Cependant, si les réseaux des grandes entreprises fonctionnent naturellement du centre vers la périphérie – effet centrifuge –, ils sont plus rarement utilisés pour faire remonter et redistribuer ces expériences – effet centripète – qui pourraient bénéficier à d'autres entités périphériques, pas toutes évidemment. L'innovation est partout et, s'il faut la solliciter, il ressort qu'il est encore plus pertinent d'aller la chercher là où l'on ne s'y attend pas.

CHAPITRE 8

# UN CHAMP D'INNOVATION : LE DÉVELOPPEMENT DURABLE

Si certains termes et expressions semblent avoir une signification évidente, ils souffrent pourtant de confusions, voire de contradictions. Il en est bien ainsi pour l'« évolution » comme pour le « développement durable ». Plus ennuyeux, on retrouve les mêmes attitudes envers l'évolution et le développement durable alors que l'un concerne le passé et l'autre l'avenir. D'aucuns considèrent que tout est bien dans le « meilleur des mondes possibles » ; d'autres que le monde évolue selon un dessein qui repose sur une idée de progrès ; les autres enfin, les moins compris et pourtant les plus pertinents d'un point de vue scientifique, savent que le monde change, donc évolue, mais selon des modalités complexes et multifactorielles. En fait, qu'il s'agisse du développement durable ou de l'évolution, il faut aborder les notions de changement et, surtout, des représentations que l'on peut avoir de ces changements.

De ce qui précède se dégagent deux significations très distinctes de l'évolution. La première, qui émerge au XVIII^e^ siècle, admet que la vie se déroule selon un plan interne. Il y a une analogie avec l'embryogénèse et l'ontogenèse, un programme de développement depuis l'œuf fécondé jusqu'à l'état adulte. Charles Darwin ne voulait évidemment pas de ce terme qui, hélas, a fini par s'imposer. Car l'évolution, au sens moderne de ce terme, est une histoire contingente dans laquelle la vie n'a pas de but. Cette conception de l'évolution débarrassée de tout finalisme reste difficilement acceptée pour diverses raisons philosophiques, religieuses ou scientifiques imprégnées d'une vision idéologique du progrès[1] ; le plus ennuyeux est qu'on les retrouve dans les controverses sur le développement durable.



## Économie, entreprises et visions du monde

Actuellement nous assistons à un retour en force de pensées réactionnaires contre l'évolution. Les arguments avancés ne sont pas nouveaux, certains remontant à l'époque de Darwin[2]. Ce qui surprend est bien le retour de ces formes de croyances et d'obscurantisme. Reprenons les trois façons fondamentales de construire notre rapport au monde et leurs relations avec le monde économique.

1. Lire Taguieff, P.-A., *L'Avenir du futur*, Flammarion, 2002, et *Nouvelle Histoire de l'Homme*, *op. cit.*
2. Lire *Lucy et l'Obscurantisme*, *op. cit.*

## Le fixisme

Il prend sa forme le plus radicale chez les créationnistes pour qui le monde a été créé une fois pour toutes et est parfait. Est-ce un hasard si les deux pays les plus créationnistes et parmi les plus pollueurs ou les plus dévastés écologiquement – respectivement les États-Unis d'Amérique et l'Australie – s'opposent aux accords de Kyoto ? Quand leurs présidents ou chefs de gouvernement respectifs refusent de signer ce protocole, ils défendent bien évidemment une certaine idée de leurs intérêts économiques, mais tout en se donnant une justification éthique, car, on l'oublie trop souvent, les femmes et les hommes, quoi qu'ils fassent, se cherchent toujours une justification morale pour leurs actes. Pour les créationnistes, Dieu a disposé des ressources sur la Terre pour que les hommes en jouissent à leur convenance; il suffit d'écouter les propos de la femme politique républicaine Sarah Palin. Le fixisme est une vision incompatible avec toute pensée sur le changement du monde, que ce soit l'évolution ou le développement durable. Ce n'est donc pas un hasard si les pays dans lesquels on retrouve les formes religieuses les plus fondamentalistes se distinguent par des secteurs économiques puissants basés sur des ressources naturelles, et tout particulièrement le pétrole et le gaz naturel (États-Unis, péninsule arabique). Ce sont aussi des pays qui connaissent des désastres écologiques considérables, comme l'Australie. Les richesses en matières premières et leur répartition régionale sont liées à la longue histoire géologique de la Terre (qu'ils contestent par ailleurs). Hélas, elles se tournent en malédiction pour les pays qui en regorgent ; et c'est bien de la seule faute des hommes, comme en Russie, hier en raison d'une idéologie de la soumission de la nature, aujourd'hui avec le retour de la religion orthodoxe traditionnelle. C'est dramatique dans les secteurs économiques dépendant de ressources non renouvelables, mais aussi des ressources renouvelables qui ne peuvent plus se renouveler comme les forêts tropicales et surtout pour les ressources halieutiques. Dans un livre intitulé *Une mer sans poisson*[1], les auteurs citent des textes de la fin du XIX^e siècle, dont un de l'historien français Jules Michelet, qui vante ces grandes civilisations du hareng et de la morue, arguant que si les hommes ne les pêchaient pas, la mer serait remplie de poissons ! Voilà bien une idée radicalement opposée à celle de sélection naturelle, car Darwin avait bien observé qu'il n'y avait pas de surpopulation d'une espèce par rapport aux autres dans tous les écosystèmes qu'il avait explorés. Hélas, nos pêcheurs usent d'arguties de ce genre pour contester les quotas. Confrontés à l'invasion des méduses et à la disparition des poissons, ils accusent les scientifiques et la nature, comme si récuser les messagers des mauvaises nouvelles exorcisait celles-ci.



## Le transformisme

Il émerge avec ce que l'on appelle notre « modernité » à la fin du XVIII^e siècle. Il se retrouve dans la pensée de Jean-Baptiste de Lamarck, l'inventeur de la biologie,

1. Cury, P., Miserey, Y., Calmann-Lévy, 2008.

et marque durablement la pensée évolutionniste selon une acception progressiste. Elle se développe avec l'idée de progrès au XIXe siècle et influence tous les grands domaines de la pensée : l'histoire, la philosophie, la sociologie, la psychologie et même dans les grandes religions[1]. Nous sommes encore très imprégnés de cette pensée qui se calque sur l'évolution des espèces, surtout en ce qui concerne l'évolution de l'Homme. Il est admis, en effet, qu'il y a évolution, mais selon une conception linéaire et hiérarchique avec l'émergence triomphale de l'Homme « maître et possesseur de la nature » selon l'expression de René Descartes. En accord avec cette idée, devenue idéologie chez les chantres du progrès, l'Homme inventera toujours une solution grâce à son génie. Elle se retrouve dans les concepts plus téléologiques que scientifiques d'« hominisation » et de « dessein intelligent ». Beaucoup de scientifiques, notamment des sciences dites « dures » mais bien ignorants de la biologie évolutionniste (un pléonasme), se laissent séduire par ces sirènes finalistes. Il y a donc confusion entre des croyances religieuses, des convictions philosophiques et la pensée scientifique. On retrouve cette attitude chez celles et ceux qui contestent les travaux des centaines de scientifiques du monde entier rassemblés dans le cadre du GIEC (Groupe d'experts intergouvernemental sur l'évolution du climat) sur le réchauffement climatique. Pour eux, les problématiques du développement durable sont des freins au progrès, plus précisément « leur idée du





1. Lire Taguieff, P.-A., *Le sens du progrès*, Flammarion, 2004.

progrès ». Le représentant le plus en vue de cette pensée dite du « développement durable *soft* » est Claude Allègre, qui confond à dessein le débat scientifique et le débat d'opinion comme il fait la confusion à dessein entre météorologie et climat. Pour ces personnes, le développement durable se comprend ainsi : « *Pourvu que ça dure comme avant* » ; alors que la vraie question est : peut-on continuer comme avant ? Les secteurs économiques sensibles à cette vision du monde sont ceux qui ont participé du « progrès » depuis la Révolution industrielle. Les cas les plus caricaturaux viennent de pays marqués par une forte idéologie qui affirme l'homme comme maître de la nature, comme l'ex-Union soviétique où le Soviet suprême scandait en son temps « *Les fleuves de l'URSS couleront là où le Soviet suprême le décidera* ». D'ores et déjà, et fort heureusement, de nombreuses grandes entreprises se sont résolument engagées dans les problématiques du développement durable, transformant ce que les autres considèrent comme des contraintes en sources d'innovations, tout particulièrement dans la chimie, à l'exemple de Rhodia. Le secteur plus qu'émergent de la « chimie verte » progresse très vite et trouve des solutions que trop d'experts jugeaient impossibles ou trop coûteuses. On pense aussi à cet entrepreneur français qui eut l'idée de fabriquer des chaussures de loisir en utilisant des colles naturelles, des produits de qualité et en préservant la santé des ouvriers. J'aime évoquer l'exemple d'une imprimerie de La Rochelle dont le jeune repreneur a tout repensé en prenant en compte le développement durable, dont l'utilisation d'encres à base de produits naturels, ce qui a obligé à « sevrer » les ouvriers, habitués à respirer les vapeurs d'alcool des encres industrielles, sans oublier le choix des papiers labélisés, la gestion des déchets, etc. Et tout cela est rentable et bénéficiaire, et avant tout sur le plan humain. Aujourd'hui, de nombreuses entreprises[1] s'engagent sur des marchés jugés trop compétitifs ou perdus dans le cadre de la mondialisation à partir de problématiques issues du développement durable. Ce sont des stratégies K et c'est grâce à la multiplication de ces démarches entrepreneuriales responsables que se reconstitue un nouveau tissu économique très dynamique.

## L'évolutionnisme

Il repose sur l'état actuel des connaissances à la rencontre des sciences de la vie et de la Terre, sans oublier les sciences humaines. Il ne s'agit aucunement d'une approche réductionniste, mais, au contraire, intégrative. C'est une théorie du changement dans la nature en précisant que l'Homme en fait partie intégrante. Pour être plus explicite, du point de vue de l'histoire de la vie comme de la biodiversité actuelle, l'espèce humaine n'est pas grand-chose ; mais en ce qui concerne l'évolution en train de se faire, l'Homme actuel a un impact considérable. C'est dans cette interrogation sur « notre avenir à tous » que les sciences dites faussement du passé prennent toute leur pertinence. Mieux comprendre



1. Lire *Challenges* n° 256 du 12 mai 2011.

comment se fait l'évolution des espèces (l'évolution), comment l'Homme a évolué avec ses environnements (la paléoanthropologie et la préhistoire) et comment les sociétés se sont développées puis ont disparu (l'archéologie et l'histoire) ne permet pas de dire ce que sera notre avenir, mais d'identifier quels facteurs ont présidé au succès et/ou à l'extinction des communautés écologiques et des civilisations.

Dans ce qui suit, je me livre à un exercice de déconstruction des représentations idéologiques et culturelles qui, en France, se présentent comme des obstacles à nos adaptations nécessaires, sachant combien les politiques et les journalistes sont prompts à se faire l'écho des idées qui leur semblent d'autant plus pertinentes – disons médiatiquement intéressantes – qu'elles s'opposent aux scientifiques. Le succès des contempteurs du développement durable et de la responsabilité des activités humaines dans le réchauffement climatique dépasse l'entendement. Comme nous le verrons, la France est le pays de Descartes, pas du philosophe austro-britannique Karl Popper. Le « ce que je crois » passe avant l'exercice de la preuve. J'exagère ? Il suffit de constater l'archaïsme de notre système judiciaire qui recherche l'aveu comme au bon vieux temps de l'Inquisition, et malgré les condamnations de la Cour de justice de l'Union européenne. Un exemple ? La polémique récente autour de la psychanalyse. C'est tout de même formidable, d'un côté des « thérapeutes » qui n'ont aucune obligation de résultat et qui s'opposent au nom de leurs certitudes à des approches cliniques qui ont des résultats[1] ! Malheureusement, tous les « intellectuels » de plus de cinquante ans ont été « imprégnés » au sens de l'éthologue autrichien Konrad Lorenz et toutes ces « oies œdipiennes » nous imposent leurs croyances ; car il s'agit bien de croyances. Nous ne sommes pas hors sujet. Participant à une réunion autour de la « transmission » dans le cadre de l'APM, un psychanalyste fort sympathique a disserté sur ce sujet de son point de vue. Il s'est fâché lorsque je lui ai fait remarquer que tout son discours était placé sous le signe du père, de la loi et du père et de la transmission entre père et fils, etc. Les femmes entrepreneurs et les filles d'entrepreneurs apprécieront. (*Au passage, je m'étonne toujours que des femmes puissent adhérer à la psychanalyse ; l'une des constructions théoriques les plus machistes jamais élaborées. C'est une resucée savante du père méditerranéen et ce n'est pas pour rien que la psychanalyse traditionnelle se perpétue dans les pays du sud de l'Europe et en Argentine, là où persistent les inégalités femmes/hommes pour les salaires, les tâches domestiques, etc.*)



## Descartes et la nature ou les misères de la raison

En ce qui concerne le réchauffement climatique, les paléontologues, les géologues et les glaciologues connaissent de mieux en mieux les causes naturelles de

1. Lire Picq, P., « Darwin, Freud et l'évolution » in « Freud, les dessous du divan », *Science et pseudo-sciences* HS 293, décembre 2010.

l'évolution des climats. C'est grâce à ces connaissances de plus en plus précises que l'ensemble des travaux du GIEC permet de dégager sans ambiguïté l'influence des activités humaines depuis la révolution industrielle, et peut-être même avant. Nos ancêtres ont connu ces changements et nous en connaîtrons d'autres. Seulement le réchauffement que nous vivons va très vite et la question est de savoir comment y répondre en moins de un demi-siècle alors que la population humaine mondiale sera d'environ dix milliards d'individus. Du temps de Cro-Magnon et de Neandertal, il y avait de la place ; pas aujourd'hui. La question ne consiste pas à nier la responsabilité de l'homme, tout en précisant qu'il ne s'agit pas d'accuser rétrospectivement, mais d'être responsable et de prendre les décisions les plus pertinentes. Claude Allègre a raison de dire que même si nous réduisons drastiquement les émissions des gaz à effet de serre, il y aura peu d'améliorations avant la fin du siècle. Cependant, il ne s'agit pas de notre génération, mais des générations futures, car, il faut le rappeler, l'évolution est le succès de la descendance. C'est bien là l'essence du développement durable : penser à l'avenir des générations futures. Et cela commence aujourd'hui. De tels enjeux dépassent les durées des mandats électoraux et les ambitions du présent. Il faut retrouver les temps plus long d'une histoire en train de se faire.



Combien de temps faut-il pour changer un paradigme ? Cela peut aller assez vite, comme pour la théorie de la tectonique des plaques dans les années 1960, sachant que celle-ci a été formulée et remarquablement argumentée au début du XX$^{e}$ siècle par le géographe et météorologue allemand Alfred Wegener à partir d'un faisceau d'observations venant de la géographie et de la biogéographie (consilience). Ce concept épistémologique est fondamental pour l'élaboration de grandes théories scientifiques qui englobent d'autres disciplines, parfois plus anciennes, et dont la convergence des résultats n'a jamais été recherchée, mais constatée !

Il doit cependant bien exister quelque part des tectonico-sceptiques qui n'ont rien compris à ce qu'est la science et encore moins un changement de paradigme. Tous les tremblements de terre n'ébranleront jamais leurs convictions. Un nouveau paradigme n'est pas une construction intellectuelle qui explique tout ce que l'on observe, mais qui donne la meilleure explication possible de l'état actuel des connaissances disponibles. Évidemment, il reste des observations qui s'en accommodent encore mal ; mais ce paradigme est-il faux ou doit-il être affiné ? Il n'est évidemment pas question de nier de tels faits, surtout s'ils sont confirmés de façon indépendante ; mais ils ne constituent pas une réfutation au sens de Karl Popper. Tout le monde se remet au travail, jusqu'à ce que cette question soit résolue de façon satisfaisante, sachant qu'elle en suscitera d'autres.



## Être cartésien ou scientifique

La climatologie se trouve confrontée à une situation comparable, mais de façon bien plus brutale. Ce n'est pas une discipline en soi, mais une science nourrie des contributions de dizaines de disciplines des sciences de la Terre, de la vie et de l'espace. Comme pour la théorie de l'évolution, ce n'est pas parce que la théorie n'explique pas tout qu'elle est fausse. Elle ne cesse de se renforcer des avancées de diverses disciplines, ce qui oblige aussi à faire évoluer la théorie et ses modèles. Que d'avancées, depuis Lamarck et Darwin ! Cependant, les faits qui obligent à repenser les paradigmes ne proviennent pas des contempteurs de l'évolution, mais des recherches qu'elle stimule. On remarque cependant que la climatologie et l'évolution arrivent à rassembler contre elles des modes de contestation issus de pensées contradictoires, et impossibles à mettre en consilience, sur la base d'un sophisme affligeant : si vous n'arrivez pas à tout expliquer, c'est que votre théorie est fausse. Ce genre de pseudo-objection rappelle la notion de « dieu bouche-trou » des créationnistes. Selon leur sophisme préféré, si la science n'explique pas tout, c'est bien la preuve de l'existence de Dieu ou d'autres entités immanentes ou transcendantales invérifiables. Outre le fait que ces modes de pensée ne nous ont jamais rien appris sur le monde vulgaire et objectiviste qui est le terrain des sciences – et on sait aussi combien les diseurs de vérité ont tout entrepris pour freiner leurs avancées –, on est consterné par la décrépitude de l'argument : si vous n'avez pas expliqué ce point particulier, et nonobstant tout ce que vous avez prouvé par ailleurs, alors ma vérité, non soumise quant à elle à une démarche de réfutation, est vraie par défaut ! Donc, j'ai raison !

Notre tropisme national aime à vanter notre « esprit cartésien », avec une confusion entre esprit rationnel et esprit scientifique. Il y a là une sorte de distorsion, comme l'illustre la loi sur la réfraction de la lumière au travers d'une surface séparant deux milieux, cette surface pour notre propos étant situées entre « ce que je crois » et « ce qui est démontré » (Descartes a découvert la loi de la réfraction de la lumière) ; entre une conviction philosophico-internaliste et une démarche objectiviste ; entre l'arrogance d'une certitude qui impose sa vision aux faits et l'humilité devant l'évidence des faits. Rappelons que, d'un point de vue scientifique, Descartes et ses disciples se sont trompés sur toutes les grandes avancées scientifiques de leur temps, avec pour gloire de s'opposer à Isaac Newton, William Harvey, Gottfried Leibniz, Jean-François Roberval et d'autres.



Au XVIII^e^ siècle, l'Académie des sciences a longtemps résisté, mais Buffon et d'autres académiciens ont fini par faire entendre raison (scientifique). Hélas, il faut reconnaître qu'une forte tradition antiévolutionniste persiste dans cette grande assemblée. Passons sur la controverse Frédéric Cuvier (dit Georges Cuvier)/ Étienne Geoffroy Saint-Hilaire et les changements du monde en 1830. Notre Académie fut très réticente envers Charles Darwin – qui ne fut élu correspondant étranger en botanique que vers la fin de sa vie. Lorsque le biologiste et paléontologue britannique Thomas Huxley vint faire une communication, un académicien l'interrompit sur le ton « *Puisque je vous dis que...* ». On se souvient du biologiste Pierre-Paul Grassé raillant les chercheurs François Jacob, André Lwoff et le biologiste Jacques Monod et « *leurs oripeaux nucléotidiques* ». Plus récemment, lors d'un colloque soutenu par la fondation américaine John Templeton (porte-drapeau de la nouvelle théologie naturelle) une collègue française connue pour ses positions antidarwiniennes a affirmé que le cas de l'homme sortait du domaine de la théorie de l'évolution. Ces quelques exemples soulignent la persistance d'une tradition hostile à toute pensée scientifique qui place l'homme dans le cadre des théories modernes et post-darwiniennes de l'évolution. Une conséquence logique se retrouve dans la négation de toute responsabilité de l'homme sur l'évolution, qu'il s'agisse de l'extinction de la biodiversité ou du réchauffement climatique. Depuis Buffon, une partie de l'Académie des sciences ne cesse de batailler contre cet antiévolutionnisme viscéral dont les fondements ne viennent pas des sciences. La dernière grande controverse à propos du réchauffement climatique honore cette grande maison, comme sa consœur américaine face au retour des fondamentalismes religieux. Les Américains ont le créationnisme, nous avons notre théologie humanistique ; ils ont le dessein intelligent guidé par Dieu, nous avons le progressisme scientiste avec l'homme comme maître et possesseur de la nature. Les archaïsmes se parent de tous les avatars.



Récemment, cette discussion a émergé autour d'un déjeuner avec des entrepreneurs. Comme nous étions en Normandie, nous avons évoqué le passé fougueux et conquérant des Vikings à partir du IX^e siècle et tout particulièrement au XII^e siècle. J'ai fait remarquer que cela correspondait à un réchauffement climatique dont bénéficia l'Europe, et surtout les régions septentrionales. (*Le Groenland ou «pays vert» tire son nom de l'installation des Vikings à cette époque.*) L'un des convives a exprimé sa satisfaction de constater que les activités des hommes n'étaient pas responsables de ce réchauffement et, qu'au contraire, elles avaient favorisé leur expansion. Hélas, cette tentative de colonisation fut un échec, car les migrants ne surent pas adapter leurs traditions fermières aux conditions locales et, avec une pointe de cynisme, les hommes n'étaient pas assez nombreux et actifs à cette époque pour influer sur le climat. On touche là à une argutie qui se prévaut que la Terre a toujours connu des modifications climatiques, bien avant que les hommes n'arpentent la planète. Par conséquent, et selon Pangloss, si la Terre a connu des changements climatiques avant l'apparition des hommes, c'est que les hommes n'y sont pour rien et, par raison tautologique, les activités humaines ne sont pas responsables des modifications actuelles, puisque c'était comme cela avant qu'il y ait des hommes. Seulement, du temps des Vikings, il y avait dix fois moins d'hommes et les drakkars fonctionnaient à la voile et à l'huile de coude. Alors que des milliards de vers de terre ont contribué par leurs petites activités à constituer l'humus sur lequel se sont développées les agricultures et les grandes civilisations – c'est le sujet du dernier livre de Darwin, *Worms*, publié en 1881, un an avant sa mort –, comment des milliards d'individus avec des milliards de véhicules de toutes sortes n'auraient-ils aucune influence sur l'environnement? Même si cette remarque ne vaut pas démonstration, difficile à croire, à moins d'avoir un cerveau de lombric. Et puis, d'un point de vue scientifique et épistémologique, on aimerait que tous les contempteurs de l'impact des activités humaines sur le réchauffement climatique nous fournissent des modèles que nous puissions aussi faire évaluer. Hélas, hier comme aujourd'hui, les contempteurs de l'évolution se contentent de critiquer au nom de leurs certitudes, mais sans jamais retourner la charge de la preuve sur leurs conceptions du monde.

## Le triangle des archaïsmes



Notre pays traîne trois boulets : l'anthropocentrisme, le cartésianisme et l'exception française. L'anthropocentrisme s'appuie sur les dualismes homme/animal, nature/culture et acquis/inné. La nature est considérée comme étant hostile et il a fallu le génie de l'homme pour s'en libérer. Toute pensée qui prétend replacer l'homme dans les théories de l'évolution est fustigée comme du naturalisme, du biologisme et autres anathèmes ; et si une réflexion pointe la nécessité de préserver la nature, la biodiversité – voire les populations humaines autochtones –, c'est de l'anti-humanisme ! Il ne s'agit là que de dogmes théologico-philosophiques qui mériteraient d'être validés et, n'en déplaise à notre pensée universaliste, qui ne sont pas du tout universels. C'est là qu'interviennent les « ce que je crois », le cartésianisme s'évertuant à développer des artifices de raisonnements rationnels pour valider des propositions qui, quant à elles, n'ont jamais été évaluées. Selon Blaise Pascal, la raison est « *ployable en tous sens* » et se met au service de toutes les convictions, se réfugiant dans les convictions internes – ce que je crois – et refusant l'épreuve objectiviste de la réfutabilité – ce qui est démontré[1]. Enfin, l'exception française se gargarise dès que l'on s'oppose au reste du monde – et c'est encore plus excitant contre des organisations scientifiques internationales. Nous sourions quand on entend l'affirmation de « complots onusiens » chez les pires conservateurs paranoïaques américains ; mais on ne fait pas mieux avec nos hérauts nationaux face au GIEC. On préfère sacrifier le messager plutôt que de comprendre le message.



Nos médias, servis par des journalistes de piètre formation scientifique et nourris aux poncifs de notre culture, plus sensibles aux débats d'opinion qu'à la rigueur d'une démonstration, privilégient les contempteurs de ce qui n'est pas une pensée unique. (*Une partie de la philosophie et des sciences humaines en France se complaît dans la critique de la science, mais sans jamais retourner leur piètre épistémologie critique à leur propre démarche.*) En fait, ils propagent les idées parfois les plus archaïques, comme à propos du créationnisme et de leurs chapelles. Des dossiers avec des pages entières pour les activistes du

1. Lire Picq, P., « *Le fardeau ontologique de la raison* » in *La Raison et ses Combats*, Journée mondiale de la philosophie de l'UNESCO, décembre 2010.

créationnisme et du dessein intelligent, à peine quelques encadrés pour les scientifiques. Si les divers courants du paysage politique disposent de temps équilibrés de parole, le déséquilibre est affligeant et toujours en faveur des contempteurs de l'évolution ou du réchauffement climatique. Il y a manifestement un problème d'éthique, de responsabilité et de raison dont les médias seraient avisés de prendre conscience.

Dans le film de l'ancien vice-président américain Al Gore *Une vérité qui dérange* (2006), on se rappelle cette scène où il montre que sur les milliers d'articles scientifiques consacrés au réchauffement climatique, aucun ne conteste le phénomène ni le rôle des activités humaines. En revanche, les avis sont aussi partagés que divers dans les débats d'opinion. L'enjeu se situe bien à la rencontre des sciences dites « dures » et des sciences humaines et des « humanités », et leurs prêchi-prêcha humanistiques. Or c'est là qu'un sondage international[1] a montré de façon cinglante le décalage entre l'opinion générale et les médias, devenus le miroir déformant qui aveugle les politiques. Car dans tous les pays développés, c'est aux scientifiques que l'opinion fait confiance pour dire comment va le monde, bien avant les journalistes, les politiques et les religieux. Et sur quelles questions ? En premier l'évolution et au septième rang le réchauffement climatique. Il y a encore du scepticisme sur cette dernière question, bien que le nombre de personnes dubi-



1. Pour la science, octobre 2010.

tatives décroisse rapidement. Pourquoi accorder une telle confiance envers les scientifiques ? Parce que, par-delà les controverses, ce n'est pas untel ou unetelle qui a raison, mais les faits.

## Un mode de pensée universel

La science est une entreprise menée par des femmes et des hommes de tous les pays, de différentes cultures, éducations, philosophies, croyances (ou non). Il en est bien ainsi du GIEC. Ces milliers d'experts de différentes disciplines se chargent de faire des audits à partir des publications et des communications scientifiques et d'en sortir des rapports qui font l'objet d'un consensus « dans l'état actuel des connaissances ». Ce ne sont pas les prospectives les plus alarmistes qui apparaissent dans ces documents. Or, les modèles développés par les groupes de recherche ne cessent d'être plus précis et prédictifs et les observations indiquent que le scénario le plus minimaliste est déjà largement dépassé. Autrement dit, les scénarios proposés aux instances politiques internationales sont les plus prudents et, malgré cela, on n'arrive même pas à des consensus (échec du sommet de Copenhague en décembre 2009). Le GIEC n'est pas une association de scientifiques dont le but est de démontrer que l'homme est responsable du réchauffement climatique. Ils ne servent aucun groupe de pression ou d'intérêt, contrairement à tous les « lobbyistes » et autre sicaires d'intérêts particuliers. Certes, ils ont reçu le prix Nobel de la paix en 2007, dont Jean Jouzel, et conjointement avec Al Gore ;

c'est bien là la seule distinction que ces scientifiques ont eue à titre collectif. Et puis surtout, et contrairement aux contempteurs du réchauffement climatique, ils préféreraient se tromper. Car s'il s'avère que les scientifiques se sont trompés, on aurait gagné un « pari de Pascal » – pas par cynisme, mais par souci éthique –, puisque la Terre ne s'en portera pas plus mal pour les générations futures. Mais si les contempteurs du réchauffement climatique ont tort… Qui prend les paris ?

## Ce que nous disent les sciences historiques

L'anthropologue évolutionniste – une espèce plutôt rare – n'ignore pas ce que sont les hommes et suit leur évolution au gré des changements climatiques et environnementaux depuis des centaines de milliers d'années. Les hommes sont des êtres de représentation qui se racontent des histoires sur le monde depuis tout aussi longtemps ; c'est même la caractéristique la plus distinctive et fondamentale du genre *Homo*[1]. Il en va ainsi d'hier comme d'aujourd'hui ; hier face à des changements subis, aujourd'hui face à des changements dont nous sommes grandement responsables. Pour l'évolution et le développement durable, on perçoit la force d'inertie de ces représentations qui nous amènent à voir ou à ne pas voir les mêmes faits. Les trois types fondamentaux de rapport au monde décrits n'opposent pas la religion, la philosophie et la science, mais se retrouvent dans tous





1. Lire *Le monde a-t-il été créé en sept jours ? op. cit.*

ces modes de compréhension du monde et leurs épistémologies propres. Ils ressortent dans les discussions sur le développement durable ; ils se retrouvent autour de l'évolution, sauf que pour cette dernière, on peut tester les hypothèses en confrontant certains aspects des problématiques actuelles dans les registres de l'histoire des communautés écologiques et des civilisations disparues.

La connaissance toujours plus précise du passé nous livre une compréhension de plus en plus fine des changements climatiques et de leurs effets sur la biodiversité, mais aussi sur une notion fondamentale : la coévolution. Aucune espèce n'évolue seule, mais avec ses communautés écologiques. Quand on a compris cela, le principe de la préservation de la biodiversité prend tout son sens. À cet égard, replacer l'histoire de la lignée humaine dans une perspective de vingt millions d'années donne une autre idée de l'importance de la coévolution (lire la première partie). Sans les autres, nous ne serions pas devenus ce que nous sommes. Alors en éliminant les autres, que deviendrons-nous ?



À cette coévolution s'en ajoute une autre : celle qui lie culture et biologie. L'Homme, comme toute espèce, interagit sur son environnement. Mais son influence ne cesse de peser depuis l'invention de l'agriculture avec une accélération majeure depuis la révolution industrielle, sans oublier l'accroissement démographique. Contrairement à ce que l'on nous a enseigné, l'évolution de l'Homme ne repose pas que sur les seules innovations techniques, mais aussi sur les façons de concevoir et de comprendre le monde : les représentations[1]. La révolution néolithique est en fait un long processus de plusieurs millénaires qui se met en place après la dernière glaciation dans différentes parties du monde. Les archéologues décrivent des changements à la fois économiques, politiques et religieux dans le « croissant fertile » qui s'étend du centre de la Turquie, en passant par une partie de la Syrie, jusqu'en Irak le long de l'Euphrate et du Tibre. Quant aux peuples nomades, ils développent d'autres représentations du monde.

Dans *Effondrement : comment les sociétés décident de leur disparition ou de leur survie* (Gallimard, 2005), le biologiste évolutionniste américain Jared Diamond propose une étude empirique, comparative et historique de plusieurs civilisations disparues. Dans chaque cas, il dégage un ensemble récurent de causes : érosion, salinisation et perte de fertilité des sols, déforestation, usages excessifs de l'eau, chasse et pêche abusives, expansion des zones habitées, introduction d'espèces allogènes, augmentation démographique et impact ou empreinte écologique de plus en plus fort par habitant. Nos sociétés modernes se sont déjà lourdement engagées sur ce chemin du déclin, avec une accentuation portée par les changements climatiques dus aux activités humaines, l'introduction de produits chimiques toxiques, la pénurie d'énergie et l'exploitation maximale des capacités de photosynthèse de la Terre. Pour la première fois dans l'histoire de l'humanité, ces problèmes affectent toute la planète alors que nous ne disposons pas



1. Lire *100 000 Ans de beauté*, *op. cit.*

encore d'un concept de civilisation mondiale et encore moins d'une « politique de civilisation mondiale ».

L'autre leçon du livre de Jared Diamond est que les civilisations meurent avant tout de la déliquescence des valeurs et des représentations qui ont fait leur force. Alors que leur succès et leur puissance se sont bâtis sur des organisations économiques, sociales et politiques nouvelles en leur temps, elles se montrent incapables de les changer, de les faire évoluer face aux modifications du monde dont elles sont largement responsables. Donc, contrairement à toutes ces thèses qui expliquent l'effondrement des civilisations sous la pression d'événements extérieurs – catastrophes naturelles, changements climatiques, invasions et autres barbares –, elles déclinent de leur incapacité à se repenser. Elles disparaissent, car leurs capacités internes, sclérosées, ne permettent plus de résister aux facteurs externes. Le développement durable et ses diverses problématiques nous réinterrogent sur ce que sera le progrès pour demain et quels sont les buts que nous devons lui assigner ; remettre les moyens au service des buts[1].

## Le triangle du développement durable

On l'aura compris, on ne peut rien espérer des fixistes qui se lamentent en évoquant des paradis perdus et leurs *uchronies* lancinantes « *c'était mieux avant* ». Les adeptes

1. Lire Ferry, L., in *Le Développement durable : utopie*, Autrement, 2005.

du progressisme se déchargent de toute responsabilité en invoquant toutes sortes de desseins bien improbables et mènent une croisade insensée, mais bien comprise, contre le développement durable, affirmant, sans démonstration, que cela nuit au progrès. Il faudrait qu'ils nous donnent leurs critères d'appréciation et d'évaluation de ce qu'est le progrès. Quels sont les travaux qui permettent de dire que les problématiques issues du développement durable ne sont pas source d'innovation ? Si le PIB reste un indice nécessaire, d'autres le deviennent et prennent en compte des aspects essentiels de la qualité de vie dans un pays en considérant les aspects sociaux – éducation, gouvernance, systèmes juridiques – et environnementaux. Nous avons là les trois piliers du développement durable. Parce qu'il nous oblige à reconsidérer nos compréhensions du monde, le développement durable nous incite à agir autrement, à la fois individuellement et collectivement, à tous les niveaux de la société et au sein des entreprises.



Le développement durable associe trois aspects fondamentaux chez les hommes et leurs sociétés : l'environnement, le social et l'économie, auxquels s'ajoute la diversité culturelle. Jusqu'à présent, ces quatre dimensions de la vie des hommes étaient considérées comme des parties plus ou moins disjointes de l'existence de chacun, plutôt plus que moins. Notre modernité, inscrite dans le développement durable, se fonde sur la construction de relations plus étroites et plus complexes entre ces différentes composantes, ce qui signifie que cela implique toutes les entreprises humaines, de l'individu aux organisations internationales en passant par les entreprises. Plus qu'une contrainte, l'idée de développement durable apparaît comme un gisement d'innovations dans tous les aspects de nos vies privées, professionnelles et collectives.

On peut faire une analogie heuristique entre le triangle des adaptations présenté dans la première partie et les trois piliers du développement durable. Pour les sociétés comme les entreprises, l'histoire comme les structures socio-économiques qui en ressortent contraignent le jeu des possibles. Celles et ceux qui craignent pour l'avenir se réfugient vers le sommet historique ; on s'en remet aux gloires passées et tant pis pour les générations futures. Celles et ceux qui veulent continuer comme avant s'appuient sur le sommet structural, arguant que l'on ne peut qu'améliorer les structures existantes. L'idéal serait de se rapprocher du troisième sommet, mais il serait illusoire de croire que l'on peut s'affranchir de l'histoire et des structures des sociétés. Toutes les tentatives de rupture radicale de notre histoire ont été des échecs dramatiques.



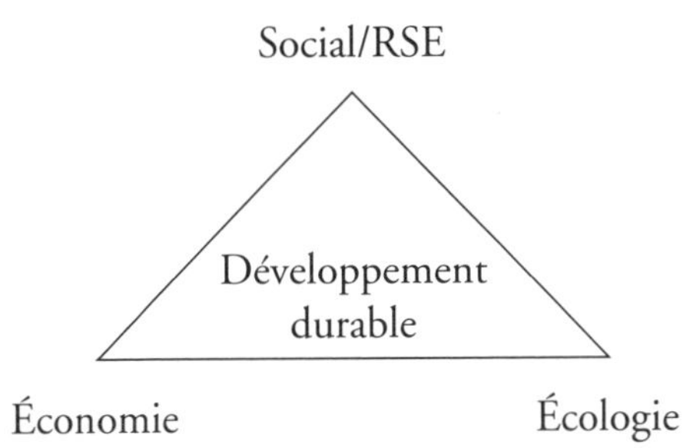

Le développement durable est une utopie nécessaire à l'échelle planétaire puisque les modes de conception, de production et de consommation sont mondiaux. Les entreprises, source d'innovation, se trouvent confrontées à cet enjeu : contrainte ou opportunité ? Il n'existe pas de contrainte ou d'opportunité en soi ; c'est plus une question de perception et de possibilité d'agir.

## L'entreprise et le développement durable

Plus qu'une contrainte, le développement durable apparaît comme un gisement d'innovations. Les entreprises perçoivent mieux ses enjeux, car elles sont confrontées à la mondialisation et à tous ses aspects. Je prends le pari, d'ailleurs peu risqué parce que c'est déjà le cas, que les entreprises qui sauront intégrer la diversité culturelle – source d'innovation encore trop négligée – et adopter des attitudes responsables sur les plans sociaux et environnementaux deviendront les acteurs majeurs du monde économique de demain.



### L'économie circulaire

Ce que l'on appelle l'« économie verte », très avancée avec la « chimie verte », se révèle déjà riche d'innovations. Il en va de même pour l'économie circulaire. Jusqu'à présent, les produits étaient conçus pour une durée de vie avant d'être tout simplement abandonnés. Dans de nombreux secteurs de l'économie, les entreprises ont fait des efforts considérables pour diminuer leur empreinte écologique, mais sans changer fondamentalement leurs modes de conception et de production. C'est une meilleure gestion et une meilleure optimisation des procédés habituels, qui respectent mieux les enjeux du développement durable et souvent suscités par ses enjeux. Cependant, l'économie circulaire ne se limite pas à une amélioration de tous les procédés habituels en ajoutant au bout la récupération et, si possible, le recyclage ; cela reste une économie linéaire, certes grandement améliorée au regard des critères du développement durable. Des entreprises emblématiques et considérées *a priori* comme ayant moins d'impact sur l'environnement, comme Apple, se trouvent obligées d'être attentives à tous les niveaux de conception et de fabrication, même chez leurs sous-traitants chinois. On sait combien les grands fabricants de chaussures de sport ont été critiqués, et avec raison. Aujourd'hui, plusieurs grandes entreprises accompagnent leurs fournisseurs pour qu'ils respectent les recommandations de la RSE, éthiques et environnementales. Une fois de plus, tout le monde y gagne.



L'économie circulaire passe par un changement de paradigme avec une prise en compte très en amont par le bureau d'étude de la finalité d'un produit par-delà son usage. Ce n'est plus le produit en soi qui importe en premier lieu, mais un produit intégré dans un cycle d'utilisations et de services. Comme une entreprise peut difficilement assurer tout le cycle, cela requiert un réseau de coopérations avec d'autres entreprises et les collectivités locales. On retrouve les concepts de coévolution, de coo-pétition, de communauté écologique et de partage des compétences.

## Le temps des entrepreneurs

Depuis quelque temps, on reparle de Joseph Schumpeter, décédé en 1950 à Harvard, épinglé comme un économiste hétérodoxe. Son premier ouvrage majeur s'intitule *Théorie de l'évolution économique* (1911). Il y explique que le capitalisme passe par des cycles marqués par des crises qui modifient ses pseudo-équilibres et à la fois propices à l'émergence d'innovations. Il distingue les innovations de produits et de procédés. Sa théorie se fonde sur l'observation d'entrepreneurs comme le constructeur automobile américain Henry Ford et la Ford T ou l'industriel allemand Alfred Krupp pour la production de l'acier. Il constate que de nouveaux produits et de nouveaux modes de production et de distribution ouvrent de nouveaux cycles économiques avec d'autres modes de consommation et tout un cortège de synergies avec les entreprises concurrentes et d'autres associées et émergentes. Aujourd'hui, son modèle serait Steve Jobs et Apple.



Il distingue le chef d'entreprise qui gère au mieux son affaire de l'entrepreneur qui est celui qui innove. Ce sont les entrepreneurs qui créent de nouvelles synergies au sein de leurs entreprises et avec les autres entreprises. Cela provoque un effet d'entraînement dans tous les secteurs économiques avec l'apparition de nouvelles activités et, aussi, la destruction d'autres, ce qu'il appelle la destruction créatrice. Il s'agit bien d'une théorie de l'évolution économique au sens évolutionnaire. (*L'idée de théorie évolutionniste de l'économie a émergé du temps de Darwin. J'ignore si Schumpeter a lu Darwin, mais je doute qu'il se soit inspiré de la théorie darwinienne, très mal comprise après la mort de son inventeur. En revanche, la démarche et l'épistémologie de Schumpeter reposant sur l'observation empirique sont très darwiniennes. On comprend qu'il soit classé comme hétérodoxe alors que les grandes théories concurrentes du libéralisme et du marxisme partent de postulats théoriques puissants. Comme Darwin, Schumpeter ne recherche pas les « lois de l'économie », mais ses mécanismes. Pour la petite histoire, Schumpeter est né en 1883, année de la mort de Karl Marx et de la naissance de John Maynard Smith.*) Cependant, il manque une dimension anthropologique à la théorie de Schumpeter, celle des sociétés humaines et de leurs visions du monde (bien que Schumpeter connût l'œuvre de Max Weber). En accord avec son analyse, l'économie est entrée dans l'âge des entrepreneurs. Mais il faut aussi une époque animée par des idéaux et des valeurs qui mobilisent toute la société, et c'est là toute l'importance fondamentale des enjeux du développement durable. Ceux-ci, nous l'avons vu, amènent les entreprises à innover sur les produits et les procédés, mais incitent aussi des personnes à se lancer dans toute une diversité de nouvelles aventures entrepreneuriales. Aujourd'hui, se sont créées et se créent de nouvelles entreprises dont les concepts fondateurs émergent d'une réflexion innovante sur les produits et les services associés à des problématiques du développement durable. Leurs innovations procèdent de bricolages à partir de prestations et de produits déjà existants, mais intégrées dans un nouveau concept.

### Les services, source d'innovation

Il y a quelques années, j'ai remis le prix de l'innovation à une entreprise du Nord de la France. Son jeune créateur avait perçu les enjeux de la construction d'habitat prenant en compte tous les aspects – mise en œuvre de chantier, cabinets d'architectes, contrôle de la qualité de l'exécution des travaux, dossier fiscal, etc. Fait encore plus marquant, cet entrepreneur a pu inventer sa niche entrepreneuriale dans un secteur en crise et dans un contexte régional plus large où le tissu des entreprises est dense. Autrement dit, si les lauréats des autres prix étaient issus par leurs familles de milieux socio-économiques bénéficiant d'une culture entrepreneuriale – ce qui n'enlève rien à leur mérite –, ce jeune entrepreneur a su innover en percevant les attentes et les enjeux de son temps, et bâtir son projet d'entreprise sur un concept.



## La prochaine étape de notre évolution

La mondialisation et l'évolution sont perçues comme des contraintes, parce que nous ne sommes pas les maîtres du jeu. Pourtant, sans l'évolution, il n'y aurait ni femme, ni homme sur cette Terre. Nos magnifiques ancêtres surent dépasser les contraintes de leur époque. L'homme de Cro-Magnon, qui est un *Homo sapiens* comme vous et moi, ne possédait pas d'avantages techniques considérables sur les autres hommes contemporains, comme les hommes de Neandertal en Europe. Seulement il disposait d'autres conceptions du monde, d'autres idées sur son rapport à la nature et au Cosmos qui l'amenèrent à occuper toute la planète. Puis vint le temps des civilisations, de leur naissance, de leur essor et de leur déclin. La préhistoire, l'archéologie et l'histoire nous enseignent comment ces civilisations ont su se développer et comment elles ont périclité, car incapables d'adapter les valeurs qui avaient fait leur grandeur. Nous en sommes là aujourd'hui : sommes-nous capables de changer ce qui a été le progrès pour une autre évolution ? Le développement durable participe de l'évolution en train de se faire, une idée qui se répand dans les consciences et qui peut faire que chaque femme et chaque homme ne se ressentent plus comme un agent passif ou un simple consommateur, mais comme acteur agissant et conscient, et donc innovant au sein et en dehors de l'entreprise. Pour le philosophe espagnol Fernando Savater, « *la seule véritable entreprise de l'homme est de se réinventer lui-même* ». Autrement dit, toute entreprise humaine passe par la réinvention de ses rapports à l'autre et aux autres.

## À retenir

Plus qu'un combat économique et écologique, le développement durable est un combat de la raison. Heureusement, on constate des divergences d'opinions au sein de tous les grands systèmes de pensée – sciences, religions, philosophies –, comme une grande diversité d'attitude des entreprises envers les problématiques du développement durable. D'une manière générale – mais avec des exceptions importantes dans chaque cas –, les secteurs économiques fondés sur l'exploitation des ressources naturelles résistent fortement aux idées d'évolution et de développement durable, sans souci pour les générations futures ; les secteurs économiques ayant participé au développement de nos sociétés de consommation depuis un demi-siècle admettent l'évolution, mais selon une idée de progrès maîtrisé par les hommes, avec la conviction que les générations futures trouveront des solutions grâce à nos innovations techniques (développement durable dit *soft*) ; un tissu économique très diversifié qui se préoccupe des enjeux sociétaux et environnementaux, sources d'innovations au sein des entreprises, entre les entreprises et leurs communautés écologiques.

Les problématiques du développement durable ne sont pas de nouvelles obligations et contraintes faites aux entreprises, mais des sources d'innovation pour la conception des produits, le développement de nouveaux services et de nouvelles organisations du travail. Dans le modèle macroéconomique fondé sur une idée généralisée de développement et de consommation d'énergie et de biens, il était parfaitement logique de jouer des délocalisations pour réduire les coûts et proposer des produits de moins en moins chers, au moins à qualité égale. Mais cela a un impact considérable sur l'emploi, l'environnement et la cohésion sociale. Il faut sortir de ce cercle funeste fondé sur des stratégies *r* qui, comme nous l'avons vu, sont sanctionnées par des phases de sélection drastique. Dans une toute autre approche, si le coût des produits inclut un cycle de vie et d'usage, mais aussi en considération de l'empreinte écologique de sa production, de son transport et de sa distribution et, *in fine*, son insertion dans un ensemble de services, alors on entre dans une logique écologique au vrai sens du terme à forte plus-value économique ; des stratégies K plus pérennes. C'est en ce sens que les entreprises s'apparentent de plus en plus à des populations d'une espèce, capables de s'adapter en prenant en compte leur empreinte sociale, écologique et économique, donc aptes à mobiliser et à changer leurs facteurs internes en étant sensibles aux facteurs externes. C'est la dialectique fondamentale et matérialiste de l'adaptation, brillamment conceptualisée par Lamarck, dont les mécanismes ont été mis en évidence par Darwin. C'est l'entreprise darwinienne.

CONCLUSION

# POUR UNE ENTREPRISE DARWINIENNE

Dans un numéro récent de *TGV Magazine*, figure un article intitulé « En 1987, comment on imaginait 2007 ? » Il expose les résultats d'un sondage effectué à l'époque, illustrant les espoirs fantasmés de la société américaine à la fin des années 1980. Selon les personnes interrogées, les trois régions du monde les plus importantes seraient d'abord les pays asiatiques, puis les États-Unis et le Japon, l'Europe arrivant bien après. Certains pensaient que le pape aurait moins de pouvoirs et que la séparation en divers cultes des religions conduirait à des guerres saintes ou des pratiques sectaires (les joies du *New Age*). Mais fort heureusement les progrès des techniques et des sciences opposeraient des vérités incontestables aux dogmes religieux puisqu'en 2007, Dieu aurait été remplacé par la science. Ces opinions énoncées il y a plus de deux décennies peuvent nous faire sourire ou nous attrister. À cette époque, j'étais enseignant-chercheur à l'université Duke et j'engageais une nouvelle approche des origines de l'Homme en prenant en compte les études sur les grands singes. J'étais loin d'imaginer les réticences, non pas sur la base de principes scientifiques, mais d'archaïsmes fondés sur l'ignorance, à commencer chez les anthropologues. Je pouvais encore moins imaginer que, vingt ans plus tard, j'aurais à engager une croisade contre l'obscurantisme porté par le retour des fondamentalismes religieux et l'incroyable persistance des illusions finalistes et spiritualistes qui voilent notre avenir de leurs illusions fallacieuses[1]. Pour un évolutionniste, ces retours sur l'avenir sont toujours instructifs.

## L'erreur évolutionniste de Francis Fukuyama



Après la chute du mur de Berlin, Francis Fukuyama annonçait la fin de l'Histoire avec le triomphe du libéralisme, comme si l'histoire de l'humanité s'inscrivait dans un schéma unique et finalisé. On connaît la suite, à la fois d'un point de vue politique après la tragédie du 11 septembre 2001, ainsi que sur le plan économique. Le libéralisme entrepreneurial – l'économie réelle – se retrouve menacé en son sein par le capitalisme financier. Les créateurs de valeurs réelles sont mis en difficulté par ceux qui se contentent de créer des valeurs virtuelles. Les *subprimes* et leur nébuleuse sont exactement comme un cancer : cela se multiplie sans limite jusqu'à la mort de l'organisme. Il existe des thérapies, mais elles sont

1. Lire *Lucy et l'Obscurantisme* et *Il était une fois la paléoanthropologie*, *op. cit.*

toujours très lourdes. Cette attitude est un déni d'évolution, car on sait que, quel que soit le mode de reproduction d'une espèce, leur tendance à pulluler rencontre une limitation des ressources. C'est bien pour cela qu'arrive à un moment ou un autre une période de sélection plus ou moins brutale, ce qui conduit à des crises. En ce qui concerne les *subprimes*, on voit combien les menaces les plus délétères proviennent de facteurs internes au libéralisme, et non pas des facteurs externes, comme le collectivisme. Même si des causes externes interviennent, comme la tragédie que le Japon a subie en mars 2011, les crises majeures proviennent moins des catastrophes naturelles que des excès de nos sociétés.

## Des agents économiques rationnels ?



L'histoire des krachs financiers est assez édifiante de l'amnésie récurrente de la mémoire économique, dont les symptômes sont exactement ceux de la maladie d'Alzheimer.

Un des fondements théorique et axiomatique de l'économie libérale est que ses acteurs sont censés se comporter comme des « agents rationnels ». Or, nul besoin d'être un anthropologue pour appréhender l'irrationalité des agents économiques. Passe que l'on se laisse entraîner une fois, deux fois dans l'euphorie spéculative ; mais les réitérer sans tirer la moindre leçon des événements du passé relève moins de l'oubli que de l'irrationalité ou de motifs normalement condamnés par la morale. Dans le dernier cas, les économistes, les religions, les philosophes

– même les politiques – apportent leurs explications et leurs condamnations, mais après la tempête. Revenons à la rationalité : pourquoi des krachs en automne – souvent en octobre – et en hiver ? (Crise de la tulipomanie en Hollande en 1636 ; chutes boursières dans l'espace germanophone en 1873 ; crise de l'Union générale de 1882 en France ; panique bancaire de 1907 aux États-Unis ; les lundis noirs d'octobre 1929 et 1987, etc.). Pourquoi les agents rationnels dépriment-ils quand l'hiver s'annonce ? Même si corrélation ne signifie pas raison, il y a un effet de saison, celle de la baisse de la luminosité, qui, sans sombrer dans un psychologisme naïf, a un effet sur notre mental. (*Ce n'est pas pour rien que la fête des morts est début novembre et Noël représente un espoir des jours qui rallongent et annonce les carnavals avant le printemps.*) Ces digressions d'un paléoanthropologue prêtent certainement à sourire, sauf qu'en ces temps propices au retour de la pensée de l'économiste britannique John Maynard Keynes, on pense à ses remarques acerbes à propos de la Bourse, qu'il jugeait aussi irrationnelle qu'un « concours de beauté ». Cela donne une discipline particulière issue des théories de l'évolution qui se nomme « mémétique ». Pourquoi des « agents intelligents » imitent-ils les autres sans aucun discernement ? Il serait grand temps de relire l'anthropologue René Girard, qui décrit si bien cette propension à suivre le mouvement et, quand tout va mal, de rechercher un bouc émissaire. (*Un nouveau concept s'impose, celui de* "leadersheep" – « sheep » *est le mouton en anglais – plutôt que de leadership. Dans ce flot d'irrationalité, je rappelle que l'Homme fait partie d'un groupe de mammifères qui s'appellent les singes, des animaux qui vivent dans la bande des tropiques, avec peu de variations saisonnières de la luminosité. Je suggère que l'on délocalise les Bourses près de l'équateur, comme on le fait pour les bases de lancement des fusées pour des raisons balistiques.*)

La politique économique de l'Occident est arrivée au terme d'une logique qui, jusque-là, avait permis sa suprématie tout en assurant un progrès comme jamais dans l'histoire de l'humanité, bien que très inégalement partagé. Depuis un siècle et demi – depuis l'émergence des théories de l'évolution – cette logique s'appuyait sur la production, la croissance et la consommation d'énergie. La production a servi les marchés des pays producteurs, puis on a étendu cela aux autres pays avant que ceux-ci ne produisent à leur tour. Comme il n'existe pas de marché extraterrestre, cette logique a atteint une limite. La croissance fondée sur la consommation fait qu'aujourd'hui il faudrait quinze fois les ressources de la Terre si tous les hommes voulaient vivre comme les Occidentaux, ce à quoi ils aspirent légitimement. (*Qui sait que le pic des ressources, c'est-à-dire le point à partir duquel la consommation globale de l'humanité dépasse sa capacité de production, a été franchi en septembre 2008 ?*) Enfin, les énergies fossiles et non renouvelables ne suffiront certainement plus avant 2050. Telle est la crise annoncée depuis plus d'une décennie. Et que disent nos « agents rationnels » ? Qu'il faut régler la crise bancaire au plus vite et laisser les autres crises annoncées en suspend. Ces « agents rationnels » ne voient que les écrans des agences boursières, leur caverne de Platon.

Ils seraient bien avisés de regarder les écrans télévisés pour réaliser combien coûtent déjà les quelques tempêtes naturelles, dont une seule a fait disparaître une grande partie de la Nouvelle Orléans, qui ne s'en remet pas. L'augmentation séculaire de la fréquence des grandes tornades sur l'Amérique de Nord cause des dégâts dont les causes atmosphériques restent discutées, mais dont les conséquences ne sont pas moins économiquement considérables. On peut accuser la vilaine nature et les évolutionnistes de désenchanter le monde, mais les compagnies d'assurance en savent quelque chose. Il y a les causes naturelles, mais aussi les causes humaines. Si le désastre de la plate-forme pétrolière en avril 2010 dans le golfe du Mexique a entraîné des coûts humains, écologiques et économiques considérables qu'une grande compagnie peut assumer financièrement, la situation se révèle bien plus compliquée dans le cas de la centrale japonaise de Fukushima. Enfin, combien nous coûte déjà la crise de la biodiversité ? Malgré la conférence mondiale sur la biodiversité de Nagoya en 2010, on continue à ignorer la catastrophe annoncée et déjà en cours, et dont les évaluations dépassent les conséquences des *subprimes*.



## Changer de paradigme

Si nous avions une meilleure connaissance de l'évolution, on saurait qu'à un moment ou à un autre, les espèces, quel que soit leur succès, rencontrent des limites imposées par l'environnement, ce qui donne des phases de sélection, parfois drastiques, que l'on appelle « goulots d'étranglement ». C'est ce qui s'est passé pour les origines de l'homme moderne il y a cinquante mille ans. Ensuite, une nouvelle évolution s'est mise en place, à partir de ces nouvelles bases. Les crises, avec leurs difficultés, ne sont pas la fin de l'évolution ; en revanche, les espèces qui prétendent continuer comme avant s'éteignent.

Le problème avec l'Homme, c'est qu'il comprend l'environnement au travers de ses représentations. C'est une magnifique caractéristique humaine, capable d'enchanter le monde comme de le tromper sur le monde. Ces représentations peuvent aussi bien l'amener à changer, à s'adapter, ou le rendre aveugle. La transition entre le président américain George W. Bush et son successeur Barack Obama en janvier 2009 correspond à un immense changement de paradigme. Pour le président sortant, anti-évolutionniste notoire, et comme pour tous les idéologues du progrès et du libéralisme non régulé, l'environnement ne mérite aucune considération. Or, on sait que si l'on avait à prolonger le système qu'ils défendent, on aurait très vite à payer une facture environnementale – et sociale – bien plus lourde que celle des subprimes. Pour ces personnes, tenir compte de l'environnement, c'est freiner leur modèle économique. En fait, ils sont incapables de changer de paradigme, d'évoluer, pensant qu'il n'existe qu'un seul modèle. Il y en a pourtant d'autres et plutôt que de percevoir l'environnement comme une contrainte – ce qu'il est de toutes les façons – il convient d'en faire une source d'innovation. Il ne s'agit pas de récuser tout le modèle, mais de le faire évoluer, et c'est bien ainsi que se fait l'évolution. D'ores et déjà, on sait que les entreprises qui se sont engagées dans des démarches éthiques, équitables et respectueuses de l'environnement traverseront mieux la crise. Jusqu'à présent, les espèces n'ont pas eu besoin de connaître les mécanismes de l'évolution pour évoluer, de même que l'on n'a pas besoin de connaître les lois de la gravitation pour apprendre à marcher. Si les espèces affrontent l'environnement sans en avoir connaissance, les sociétés humaines et les entreprises peuvent avoir un avantage en ayant une meilleure connaissance de ses mécanismes : c'est l'entreprise darwinienne.

## Vers une culture entrepreneuriale



L'entreprise darwinienne n'a rien à voir avec tous les clichés aussi stupides qu'erronés sur l'évolution. C'est une entreprise qui s'adapte aux changements en mobilisant les mécanismes de l'innovation, qui s'articulent sur le couple variation/sélection. Elle n'agit pas contre les autres, mais fait partie d'une communauté écologique plus ou moins large et participe de sa coévolution. Ses capacités d'adaptation reposent sur l'aptitude à réorganiser ses routines internes et à comprendre les changements du monde externe, ce qui suppose d'admettre les contraintes internes et externes comme des sources d'innovation et, aussi, d'abandonner certains acquis pour en obtenir d'autres.

## Sortir des schémas sectoriels

L'idée dominante d'une évolution linéaire, progressiste et accumulant les acquis est tout sauf évolutionniste. La difficulté est que l'on peine à sortir d'un modèle qui a réussi, mais qui ne correspond plus aux enjeux économiques actuels. La prépondérance d'une culture d'ingénieur qui passe par la seule amélioration des produits censés trouver leur place sur un marché prédéfini ne répond plus à un marché qui évolue, influencé, justement, par de nouveaux produits conçus à partir de nouveaux besoins ou envies. C'est un changement de paradigme : passer d'un modèle « mélioriste » en référence à un marché fondé sur des besoins prédéfinis à un modèle mobilisant des concepts qui créent de nouveaux marchés (lire p. 78 le passage consacré à Edison et Berliner).



L'exemple le plus aberrant est celui des biocarburants. Plutôt que de rechercher de nouveaux modes d'économie d'énergie, on tente de développer la production agricole de plantes destinées à produire des hydrocarbures alors que les terres arables s'épuisent et que les manifestations de la faim se multiplient. Les idéologies productivistes, qui refusent de reconsidérer leurs paradigmes anti-malthusiens, se contentent de rechercher des solutions quantitatives, alors que tant de solutions existent déjà, notamment dans les industries dites lourdes, comme la chimie.



La logique des filières et des secteurs si profondément enracinée dans notre culture hexagonale s'oppose à l'idée de coévolution et d'industries associées à de nouveaux services. Ce ne sont plus des produits qui génèrent des services, mais des services qui suscitent de nouveaux produits ; les innovations viennent de plus en plus des usages et de nouveaux usages. Cela oblige aussi à sortir de la paranoïa des départements de R&D fonctionnant en bunker, alors que les entreprises les plus innovantes, même dans les domaines des technologies les plus avancées, pratiquent de la coo-pétition avec leurs concurrents, à l'instar de l'industrie pharmaceutique. De grands changements proviennent des nouvelles technologies et d'autres arrivent et nous bousculent (par exemple, le G8 de l'Internet fin mai 2011). Une fois de plus, c'est une logique par projet et non par secteur. Les industries innovantes auront de plus en plus recours à une R&D nourrie d'un tissu de relations avec les clients et les autres entreprises, et capables de jouer de tous les modes d'« aptation » évoqués dans la première partie de ce livre.



Les entreprises les plus innovantes recourent plus à leurs capacités à se réorganiser – à bricoler – et non pas à la manie de perfectionner un modèle déjà existant par la seule recherche d'une meilleure productivité. Ce sont des moyens nécessaires ; non des buts, car cela entrave toute possibilité de changer de projet[1]. En fait, les trois quarts des innovations, que ce soit dans les services ou les industries, proviennent de « bricolages » aux sens de François Jacob (analogie gènes/innovations techniques) et de Claude Lévi-Strauss (analogie représentations culturelles/management).

1. Lire Picq, P., « Crise, entreprise et évolution », *op. cit.*

Car en science comme dans l'évolution, on n'avance pas qu'en produisant de nouvelles données ou observations, mais en reconsidérant les paradigmes.

## Comment changer de paradigme ?

Une crise résulte de facteurs perturbant une situation considérée comme la meilleure possible. La première réaction consiste à rechercher des causes externes, à invoquer toutes sortes de fatalités, la nature et des boucs émissaires. Depuis la chute du mur de Berlin, les causes humaines semblent occultées, puisque nous serions arrivés à la fin de l'Histoire tandis que les « printemps arabes » éloignent l'annonce du choc des civilisations. Il ne reste que les colères divines – rarement évoquées, sauf chez les fondamentalistes religieux – et la nature. On se souvient de l'exagération irrationnelle soulevée par les petits rejets du volcan islandais au nom imprononçable début 2010. Depuis, le tremblement de terre de Fukushima au Japon nous a ramenés à un peu plus de mesure. Il n'empêche, on entend et lit nos philosophes hexagonaux qui accusent la nature de tous les maux et de toutes les mauvaises intentions. Ils se complaisent tellement dans un monde idéalisé et affranchi de toute contingence qu'ils en perdent leur rationalité.



Dans les affaires humaines, il y a toujours des justifications théoriques, idéologiques, philosophiques, théologiques ou autres qui plient la réalité à leurs principes. Il y aurait donc des lois de l'Histoire, voire de l'évolution, qui dépassent les hommes, leurs sociétés et leurs règles. Par conséquent, et au nom de ces lois, les crises ne sont que des anomalies d'un modèle intangible. Alors, c'est « *business as usual* » ; on essuie la tempête et on repart de plus belle. Au moment où j'écris ces lignes, un doute plane encore sur les bonnes pratiques des milieux financiers.

En fait, les civilisations comme les entreprises meurent le plus souvent de la déliquescence de leurs facteurs internes, de ce qui a fait leur puissance. Actuellement, au sein du capitalisme au sens large en tant que système économique, c'est le capitalisme financier qui a porté le coup le plus dur. Comment en sommes-nous arrivés là ? Nous n'avons pas fini de solder les dérives individualistes des années 1980, illustrées par les deux films *Wall Street* de 1987 et 2010. Ils donnent le spectacle navrant d'une époque fascinée par des « *golden boys and girls* » motivés par la cupidité : la recherche maximale et rapide du gain sans se préoccuper des conséquences sociales, écologiques et économiques. La société, ses règles et les régulations constituent autant d'entraves archaïques au bonheur économique. Le libéralisme financier a atteint son paroxysme avec les bénéfices aux « *winners* » et les pertes pour la société qui, pour le « coût », a une existence dès lors qu'il faut payer la facture.



## Les équilibres ponctués

L'évolution n'est pas un long fleuve tranquille. On a ignoré Darwin pendant un siècle, et on nous a éduqués selon une conception linéaire et progressiste de l'histoire de la vie. Il faut attendre Stephen Jay Gould pour comprendre le rôle des crises dans l'histoire de la vie, ce que l'on appelle la théorie des équilibres ponctués : de longues périodes de changements graduels entrecoupées de périodes de changements rapides. Ces crises proviennent de catastrophes naturelles – la météorite qui percute les dinosaures – et plus rarement de causes internes aux communautés écologiques. Et c'est là que l'homme se montre plus fort et plus inquiétant puisqu'il arrive à modifier le climat et, pour notre propos, à ébranler l'économie par des causes internes (subprimes et compagnie). Darwin, Schumpeter et Gould réunis ! Triade funeste pour certains ; trinité ouverte sur l'avenir pour d'autres.

Si les dinosaures n'avaient pas reçu un gros caillou céleste, leurs descendants les oiseaux n'auraient pas connu le formidable succès que l'on sait, sans parler de celui des mammifères. Sans les glaciations, notre évolution aurait été tout autre. Donc, les crises interviennent et la vraie question devient : comment faire partie de ceux qui survivent ? Si l'on s'accroche à l'idée d'une seule évolution possible, on attend que la crise passe et donc « *business as usual* », ce qui n'a rien de darwinien. En revanche, si l'on comprend qu'elle participe de l'évolution – même si l'on s'en passerait bien –, on peut en tirer à la fois des leçons et de nouvelles perspectives. Alors comment ne pas être passif, mais actif, voire « cré-actif » ?

## Du bon usage des crises

Il semblerait qu'il soit plus facile de changer à la suite d'une crise provoquée par des facteurs externes plutôt que de celles provoquées par des facteurs internes. On nous a enseigné l'idée que les grands empires – romain, maya ou autres – se sont effondrés à cause de catastrophes naturelles ou sous la pression des barbares. Traduction : ces empires et ces civilisations auraient dû perdurer pour des siècles et des siècles, mais des éléments étrangers à leur grandeur les ont anéantis. Aujourd'hui, ce sont les menaces migratoires et les tsunamis. On préfère rechercher des causes externes qui nous affranchissent de toute responsabilité plutôt que de repenser nos paradigmes. La raison préfère se chercher des raisons. C'est tout le sens à donner au sous-titre du livre de Jared Diamond, *Effondrement : comment les sociétés décident de leur disparition ou de leur survie* (*op. cit.*).



Face à une crise, il y a deux attitudes possibles : le chacun pour soi ou la coopération. Dans *L'âge de l'empathie* (Les liens qui libèrent, 2010), Frans De Waal raconte l'histoire d'une expédition d'alpinistes qui se retrouve bloquée par une tempête pendant l'ascension du mythique K2, dans l'Himalaya. Ils décident de rester ensemble et tous survivront. Quelques années plus tard, d'autres se lancent dans la même aventure et se retrouvent en difficulté. Ils disposent d'un matériel plus performant, ce qui leur donne confiance. Mais si le K2 n'a pas changé, l'époque a tourné à l'individualisme forcené. Les uns et les autres tentent leur chance individuellement et beaucoup trouvent la mort !

Les crises font partie de l'évolution et il faut s'en saisir pour réinventer ou tout simplement développer d'autres jeux des possibles négligés par l'idéologie dominante. Récemment, j'ai eu le plaisir de préfacer le livre issu des réflexions d'une dizaine de patrons qui se sont posé cette question : « Et si on ne gâchait pas la crise ? » (*Empreintes sociales*, *op. cit.*). Je ne pouvais être que séduit par une démarche évolutionniste qui, tout en prenant en compte les circonstances, réfléchit aux facteurs internes responsables de la crise en cours et, surtout, recherche de nouvelles propositions. Le concept d'*empreinte sociale* s'oppose à l'individualisme idéologique ahurissant du dernier quart de siècle.

Être darwinien, ce n'est pas éliminer les autres, mais écarter des pratiques et des modèles aux effets délétères pour l'économie et l'ensemble de la société. La théorie darwinienne n'a jamais été la loi du plus fort, ni de l'individualisme égoïste, ni de la guerre de tous contre tous. Sinon, comment expliquer des espèces comme les hommes et les grands singes vivant dans des sociétés animées par des rivalités, mais aussi l'empathie, la sympathie, l'entraide, des notions de bien et de mal, sans oublier des traditions, des outils et des cultures ? La vie, ce n'est pas un monde à la Rousseau, mais nous vivons encore moins dans un monde à la Hobbes !



On touche ici à une controverse aussi ancienne que les théories de l'évolution. Charles Darwin dans *La Filiation de l'homme* (1871), et le géographe et scientifique russe

Pierre Kropotkine dans *L'entraide* (1910) insistaient sur les instincts sociaux et la vie de groupe. Chez des espèces avec des individus ayant une longue espérance de vie, la survie dépend des autres (espèces K). Il en est de même entre les espèces et leurs communautés écologiques. On n'évolue jamais seul, mais selon un tissu d'interactions complexes qui vont des individus à tout l'écosystème. Car dans la conception aussi effarante qu'égoïste de l'évolution, on avait oublié un fait fondamental : la coévolution. Si une population d'une espèce décline, toute la communauté en est affectée. Il en va de même au sein d'une communauté socio-économique qui bénéficie d'une meilleure employabilité des individus et des relations de coopération et aussi de coo-pétition entre les entreprises.



## Concurrence et diversité

Les Français se défient de l'idée de concurrence. On l'entend à propos des ouvertures à la concurrence imposées par la Commission européenne, comme pour le train et l'énergie. Il serait naïf de croire que tous les secteurs de l'économie vont s'améliorer, comme de croire que nous devons maintenir une sorte de protectionnisme qui nuit à l'évolution nécessaire des services. Ceux qui devaient prendre des charters à l'étranger pour bénéficier de vols à prix raisonnables à cause du monopole d'Air France il y a une trentaine d'années ne se plaignent pas de la concurrence qui a permis de démocratiser les transports aériens. D'ailleurs, le marché du transport aérien n'a pas cessé de se développer et Air France ne s'en porte pas plus mal. Plus prosaïquement, avec la concurrence, le gâteau est devenu plus gros – trop au regard des impacts écologiques – et des entreprises, qui ne juraient que par le monopole pour leur survie, se sont très bien adaptées. Le terme « concurrence » se confond avec compétition et élimination, ce qui se retrouve dans l'aversion viscérale et caricaturale de sélection naturelle au sens de Darwin et qui s'oppose à la notion d'acquis chère à la conception lamarckienne de l'évolution. Or, d'un point de vue darwinien, la concurrence associe sélection, symbiose, coo-pétition, interdépendance, prédation et entraide, ce qui donne la coévolution et produit de la biodiversité. Cependant, une fois de plus, on retrouve avec ces vieilles billevesées théologiques – la création d'espèces chacune à leur place – et philosophiques – l'échelle naturelle des espèces avec un nombre fini de formes – qui distillent l'idée que si une entité prend de l'expansion – espèce ou entreprise –, elle empiète forcément sur les autres. Une notion dite des équilibres, qu'elle soit des espèces ou des marchés, qui n'a rien d'évolutionniste.



Or, la concurrence ne signifie pas absence de règles du jeu. La compétitivité que nous envions aujourd'hui à nos voisins allemands procède de la vitalité d'un tissu entrepreneurial constamment stimulé par une concurrence tout aussi vigoureuse qu'organisée par une régulation puissante, ce qui les rend très efficaces à l'international. En France, la concurrence est souvent perçue, au mieux comme un mal nécessaire, au pire comme une menace pour l'emploi. Pourtant, les performances à l'international et la pérennité de nos anciennes entreprises publiques que nous aimons appeler nos « champions nationaux » viennent de leurs contextes concurrentiels respectifs. À vouloir trop protéger un ancien modèle, on freine son aptitude à se transformer et on finit par le rendre vulnérable en le rendant incapable de se réinventer. L'innovation passe aussi, et surtout, par la remise en cause de ce qui semblait acquis. C'est la destruction créatrice de Schumpeter.

Enfin, il serait grand temps que l'on comprenne que les emplois de demain viendront de créations d'entreprises et que, par ailleurs, ce sont les petites et moyennes entreprises qui innovent le plus. À quand un « *small business act* » en Europe et surtout en France, équivalent à celui des États-Unis ? Les grandes entreprises sont de magnifiques éléphants qui assurent de plus en plus leurs bénéfices hors de France et d'Europe, tout en rappelant que si elles sont aussi bonnes, c'est parce qu'elles ont une histoire de forte concurrence sur le marché européen, très concurrentiel. Elles perdraient en compétitivité si elles ne poursuivaient pas leurs activités en France et en Europe ; c'est moins rentable localement, mais la condition nécessaire d'un succès global. Il y a en effet une règle empirique dans l'évolution : toutes les espèces qui se sont retrouvées isolées des grands systèmes écologiques complexes ont fini par disparaître. Les grandes entreprises ont besoin d'un tissu économique avec des gazelles, des antilopes et des buffles, ces derniers manquant cruellement dans l'écologie entrepreneuriale française, contrairement à l'Allemagne. C'est cela, une culture entrepreneuriale darwinienne.

## Valoriser la diversité

Le génie de Darwin a été de comprendre que les différences recèlent autant de sources potentielles d'innovation. À quoi sert cette diversité ? Justement à la chance que peut avoir une population de posséder d'emblée des caractères susceptibles de donner un avantage dans une période de crise. Chez Darwin, ce n'est en effet pas l'individu qui s'adapte en tant que tel, mais la population. Dans *Empreintes sociales*, les protagonistes échangent leurs expériences issues de différentes problématiques – innovation, développement durable, RSE, actionnariat, employabilité, etc. –, installant les fondements d'une communauté entrepreneuriale dans laquelle une entreprise bénéficie des acquis des autres et leurs expériences réussies ou avortées. Même quand on a réussi, on a beaucoup à apprendre des autres, de leurs succès comme de leurs échecs.

C'est frappé du sceau du bon sens, mais moins évident à mettre en œuvre. En effet, le manque de culture entrepreneuriale en France accentue l'incompréhension entre les acteurs de l'entreprise, les uns et les autres étant rangés dans des catégories juxtaposées : l'employé, le cadre, le patron, l'actionnaire, tout cela énoncé au singulier. On rencontre les mêmes difficultés pour comprendre l'évolution tant que l'on se borne à des catégories singulières comme le singe et l'homme, alors qu'il y a des singes et des hommes et, évidemment, des entreprises, des employés, des cadres, des patrons et des actionnaires dans leur diversité. Les pires, mais aussi les meilleurs. Les enjeux des entreprises et de l'économie de demain reposent sur les capacités d'inventer de nouvelles interactions à partir de ces diversités. Cela marche comme cela, l'évolution !

## L'entreprise darwinienne

Les espèces n'ont pas eu besoin de lire Darwin pour évoluer, pas plus les sociétés, les entreprises que les hommes. Ceci étant précisé, les théories de l'évolution décrivent les facteurs qui font qu'il y a toujours du changement et les mécanismes en œuvre, notamment pour les innovations et les adaptations. Chez Darwin, aucun caractère, aucune idée n'est bonne ou mauvaise en soi. Cela dépend du contexte, et aussi de l'histoire. La condition fondamentale réside dans la capacité à produire cette diversité, car, quand les problèmes d'environnement se produisent, il est trop tard. Ce qui nous différencie des autres espèces, c'est la faculté de comprendre ce qu'est l'évolution et de nous assigner des buts qui prennent en compte ses mécanismes et ses contraintes ; tout en rappelant la diversité, des sociétés humaines refusent l'idée d'évolution au nom de divers principes, idéologies et croyances qui, pour le coup, risquent de nuire aux adaptations nécessaires et de plus en plus urgentes.

Tableau de comparaison de l'entreprise classique (à gauche) et de l'entreprise darwinienne (à droite) :

| ***Empreinte sociale*** | |
|---|---|
| Rentabilité immédiate | RSE |
| Structure | Matrice |
| Fonctions | Employabilité interne et externe |
| Faible diversité | Les quatre diversités |
| Temps contraint | Temps adapté/adaptable |
| Contrôle | Souplesse |
| Procédures | Résultats |
| Ressources humaines variable quantitatice | comme collaborateurs comme ressources d'innovation |
| ***Empreinte économique*** | |
| Court terme | moyen/long terme |
| Changement = crise | Changement = adaptation |
| Actionnariat contraignant | Diversité d'actionnariats |
| Faible investissement R&D | Fort investissement R&D |
| Centré sur son activité | Synergies |
| ***Empreinte écologique*** | |
| Économie linéaire | Économie circulaire |
| Produits | Services |
| Exploitation des ressources locales | Enrichissement des ressources locales |
| Écologie source de contraintes | Écologie source d'innovations |
| Aides pour traiter les rejets | Innove en traitant et limitant les rejets |

## Les temps de l'évolution et des entreprises

Parfois, on m'objecte que les temps de l'évolution ne sont pas ceux des hommes et des entreprises. Rien de plus faux ! Une météorite, une éruption volcanique provoquent des effets aussi brutaux que brefs. Par-delà les catastrophes, les dérives génétiques des populations périphériques et de petites tailles se font rapidement, sans évoquer les effets de certaines mutations ou tout simplement les régulations des gènes sur les âges de la vie ou la taille corporelle. Une étude récente sur les escargots européens révèle leur évolution depuis leurs gènes jusqu'à leur morphologie en un demi-siècle. L'exemple le plus célèbre est celui de la phalène du bouleau, un papillon dont les formes claires dominaient avant la révolution industrielle ; puis avec la pollution et la suie des usines et des mines, les troncs des arbres ont noirci, avantageant les individus foncés, tandis que depuis quelques décennies, la désindustrialisation favorise à nouveau les formes claires. C'est donc tout l'environnement qui change et nous devons nous adapter à nos propres activités, en espérant que nous aurons autant de variabilité et d'adaptabilité pour aller aussi vite que les escargots et les phalènes. Mais les entreprises en ont-elles le temps ?



La pression de l'immédiateté et du court terme ne laisse plus le temps à l'évolution de se faire. L'exigence d'une forte rentabilité à court terme est incompatible avec l'innovation et l'adaptation. La crise encore non réglée provient de ces exigences irrationnelles et on sait que les entreprises qui résistent le mieux sont celles détenues par des familles ou avec une capitalisation fondée sur le moyen terme et la capacité de remettre à plus tard la distribution des bénéfices. *(Ces remarques ne valent pas que pour les actionnaires trop pressants. Il y a de quoi s'inquiéter pour l'avenir des grandes entreprises privées et publiques. Les premières sont soumises à des taux de rentabilité de la part de leurs actionnaires qui finissent par nuire à l'investissement en R&D et RSE; les secondes sont entravées par les avantages sociaux. Ces grandes entreprises risquent de devenir des « ressources non renouvelables. »)* Le court terme ne peut qu'engendrer des crises, puisque toute perturbation est perçue comme un effondrement; en revanche, en construisant une perspective partagée – ce qui requiert un management ouvert avec la participation active de tous les intervenants à la fois à l'intérieur et à l'extérieur de l'entreprise – ce qui est perçu comme une crise devient un incident de parcours dont on tire un enseignement. Il n'y a pas de recette toute faite pour définir une orientation, mais des approches qui se construisent sur les trois piliers du développement durable avec des évaluations à partir des empreintes sociale, économique et environnementale. C'est là que les évolutionnistes devraient rencontrer les prospectivistes, pas à la jonction entre des spécialistes prétendus respectivement du passé et de l'avenir, mais dans la compréhension des mécanismes de l'adaptation et de leurs contraintes.



À cause du « court-termisme » frénétique, les sociétés humaines semblent perdre l'avantage sur les autres espèces. Si l'on a une vision à court terme, on ne peut qu'être réactif, comme les chimpanzés, qui ne manquent pas d'intelligence. Si nous voulons survivre – c'est-à-dire ne pas se retrouver sur un pied d'égalité avec les espèces que nous menons à l'extinction selon l'avertissement si peu entendu de Claude Lévi-Strauss –, il faut nous réassigner des buts et en dégager les moyens.

## Les « empreintes » des entreprises qui évoluent

L'entreprise darwinienne agit dans un triangle dont les trois angles sont « l'empreinte économique », « l'empreinte écologique » et « l'empreinte sociale ». Depuis la révolution industrielle, les aspects économiques ont prédominé, avec des impacts terribles sur les plans social et environnemental. Les grands mouvements sociaux et politiques ont contribué à considérablement améliorer les conditions de travail et à augmenter le niveau de vie. Les pressions liées à l'empreinte écologique se manifestent bien plus récemment et, dans ce mouvement, ont renouvelé les contenus de l'empreinte sociale avec les problématiques de la RSE.

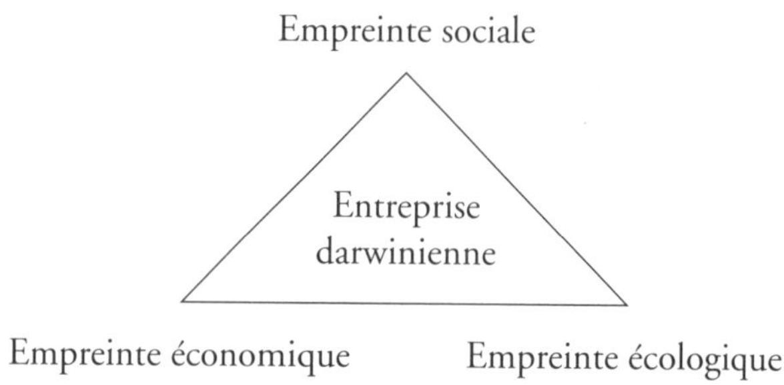

La base du triangle relie l'économie et l'écologie, qui sont les deux piliers sur lesquels se fondent les empreintes sociales. L'étymologie de ces deux termes vient d'« *eco* », qui signifie maison et habitat. Pas d'écoumène ou d'espace habitable sur cette terre sans ces deux arts de bien gérer nos habitats.

Pendant un siècle, les entreprises ne se préoccupaient guère de leurs impacts environnementaux, tandis que les aspects sociaux se réglaient dans des champs politiques plus larges, tout en rappelant que sur les volets écologiques et, surtout, sociaux, existaient et existent toujours de très grandes différences d'attitudes entre les entreprises, les secteurs et les pays. Aujourd'hui, les facteurs sociaux et écologiques influencent les entreprises et réciproquement ; en d'autres termes, les facteurs sociaux et écologiques ne s'imposent plus essentiellement de l'extérieur (pressions sociales, éthiques, environnementales et politiques), mais deviennent des enjeux appréhendés par les acteurs de l'entreprise avec leurs empreintes sociales et environnementales. Les questions de citoyenneté, d'employabilité, d'environnement, de diversité (sexuelle, ethnique, handicaps et âges de la vie) entrent dans les entreprises par les problématiques du développement durable et de la RSE, mais aussi avec les nouvelles technologies et les réseaux qui suscitent de nouvelles organisations du travail. En se fondant sur les empreintes sociales, écologiques et économiques, l'entreprise darwinienne devient l'acteur d'une évolution responsable.

## Vers une entreprise planétaire vraiment humaine

Aujourd'hui, nous vivons une situation inouïe dans l'histoire de notre lignée évolutive, depuis que nous nous sommes séparés de notre lignée sœur des chimpanzés, il y a environ sept millions d'années. Que ce soit du temps de Toumaï et d'*Orrorin* il y a six à sept millions d'années, celui de Lucy et des australopithèques entre quatre et trois millions d'années ; celui des premiers hommes il y a deux millions d'années ou encore des derniers hommes il y a à peine quarante mille ans, on recense toujours plusieurs espèces contemporaines de notre belle famille dont on n'a pas fini de faire établir l'inventaire. Ce n'est que depuis vingt mille ans qu'il n'existe plus qu'une seule espèce de notre lignée jadis florissante, *Homo sapiens*. Alors, pour nombre de penseurs, si nous avons survécu, c'est bien parce que nous sommes les meilleurs. Gloire au vainqueur ! Et si le pire était à venir, car, très objectivement, ne sommes-nous pas les derniers survivants ? Et soyons encore plus explicites : depuis que l'homme moderne, nous, a entamé son expansion sur la Terre depuis l'Afrique et le Proche-Orient il y a cinquante mille ans, il a éliminé les autres, d'abord inconsciemment, aujourd'hui consciemment, car nous sommes les responsables de la « sixième grande extinction[1] ». Nous avons fait disparaître les espèces les plus proches de nous comme les plus complexes : hier, les autres hommes comme les grands mammifères ; aujourd'hui les grands singes, nos frères d'évolution, les ultimes survivants de nos



1. Lire *Il était une fois la paléoanthropologie*, *op. cit.*

origines communes. Nous poussons aussi vers l'extinction les populations, les cultures et les langues humaines qui ne se sont pas engagées dans la voie du progrès des sociétés dites modernes. Pourtant, ces sociétés ont certainement bien des choses à nous apprendre, et tout particulièrement sur d'autres rapports à la nature. Hélas, Charles Darwin constatait déjà en son temps l'impact néfaste du déploiement des Occidentaux sur la biodiversité naturelle et la diversité culturelle. Un siècle plus tard, la situation devient amère avec *Tristes Tropiques* (1955) de Claude Lévi-Strauss[1]. Aujourd'hui, il est alarmiste, mais pas désespéré. La Terre n'a jamais été un paradis ; il n'y a jamais eu de paradis perdu, seulement de nouveaux paradigmes à trouver.

Au fait, pourquoi les hommes sont-ils allés en Australie, puis en Océanie ? On ne peut en effet pas atteindre l'Australie à pied sec, même quand le niveau des mers est très bas pendant les périodes glaciaires. Il faut franchir une distance minimale de quatre-vingts kilomètres, ce qui est par-delà la ligne d'horizon. C'est la célèbre « ligne de Wallace » – d'après Alfred Russel Wallace, le co-inventeur de la sélection naturelle –, jamais franchie par aucun mammifère placentaire, sauf l'homme. Difficile d'évoquer une pression démographique ou la quête de nouvelles ressources, surtout par-delà l'horizon, d'autant qu'il y a eu plusieurs vagues du peuplement de

1. Lire *Si Charles Darwin et Claude Lévi-Strauss repartaient faire un grand voyage*, *op. cit.*

l'Australie. Par ailleurs, ils savaient naviguer, puisque les plus anciennes preuves archéologiques de telles pratiques remontent à plus de cent mille ans ; mais ce n'est pas qu'une question de technique. L'explication est que notre espèce *Homo sapiens* se distingue comme le seul mammifère capable de se donner des visions du monde et des projets qui le portent à accomplir ce qu'aucune espèce n'a jamais été capable de réaliser : défier l'inconnu. Telle est l'entreprise humaine : pour le pire avec la sixième extinction et le réchauffement climatique ; pour le meilleur si « notre avenir à tous » s'entend avec un « tous » ouvert à la diversité des cultures humaines et des autres espèces. Pour moi, c'est cela, l'hominisation.

conception
réalisation
mise en page
pca
44405 Rezé cedex

Dépôt légal : décembre 2012
N° d'éditeur : 4327
IMPRIMÉ EN FRANCE

Achevé d'imprimer le 23 novembre 2012
sur les presses de l'imprimerie « La Source d'Or »
63039 Clermont-Ferrand
Imprimeur n° 13007

IMPRIM'VERT
PEFC
PEFC/10-31-2008

*Dans le cadre de sa politique de développement durable,*
*La Source d'Or a été référencée IMPRIM'VERT®*
*par son organisme consulaire de tutelle.*
*Cet ouvrage est imprimé - pour l'intérieur -*
*sur papier bouffant "Munken Print White" 90 g main de 1.8*
*provenant de la gestion durable des forêts,*
*des papeteries Arctic Paper, dont les usines ont obtenu*
*les certifications environnementales ISO 14001 et E.M.A.S.*